歴史文化ライブラリー

415

戦国大名の兵粮事情

久保健一郎

吉川弘文館

目　次

兵粮への視線――プロローグ

一つの指令から

天正十七年（一五八九）十二月といえば、長らく続いた戦国の世もようやく終わりが見えてきた頃である。関東随一の戦国大名である小田原北条氏（以下、たんに北条氏と呼ぶ）が次のような指令を発した。

一、分国《ぶんこく》中の郷村に兵粮《ひょうろう》を置いたままにしておくのは、かたく制止する。もし（領主が）おろそかに命じて、後日にそのようなことになっていたのが発覚したならば、領主のたいへんな落ち度とする。期限は正月晦日《みそか》を限って、要害《ようがい》に（兵粮を）すべて運び込むようにせよ。ただし、敵の小旗先《こばたさき》（くらい間近）までとなっても、郷村には人民がしっかりとおるようでなくてはいけない事情があるので、彼らが当座食

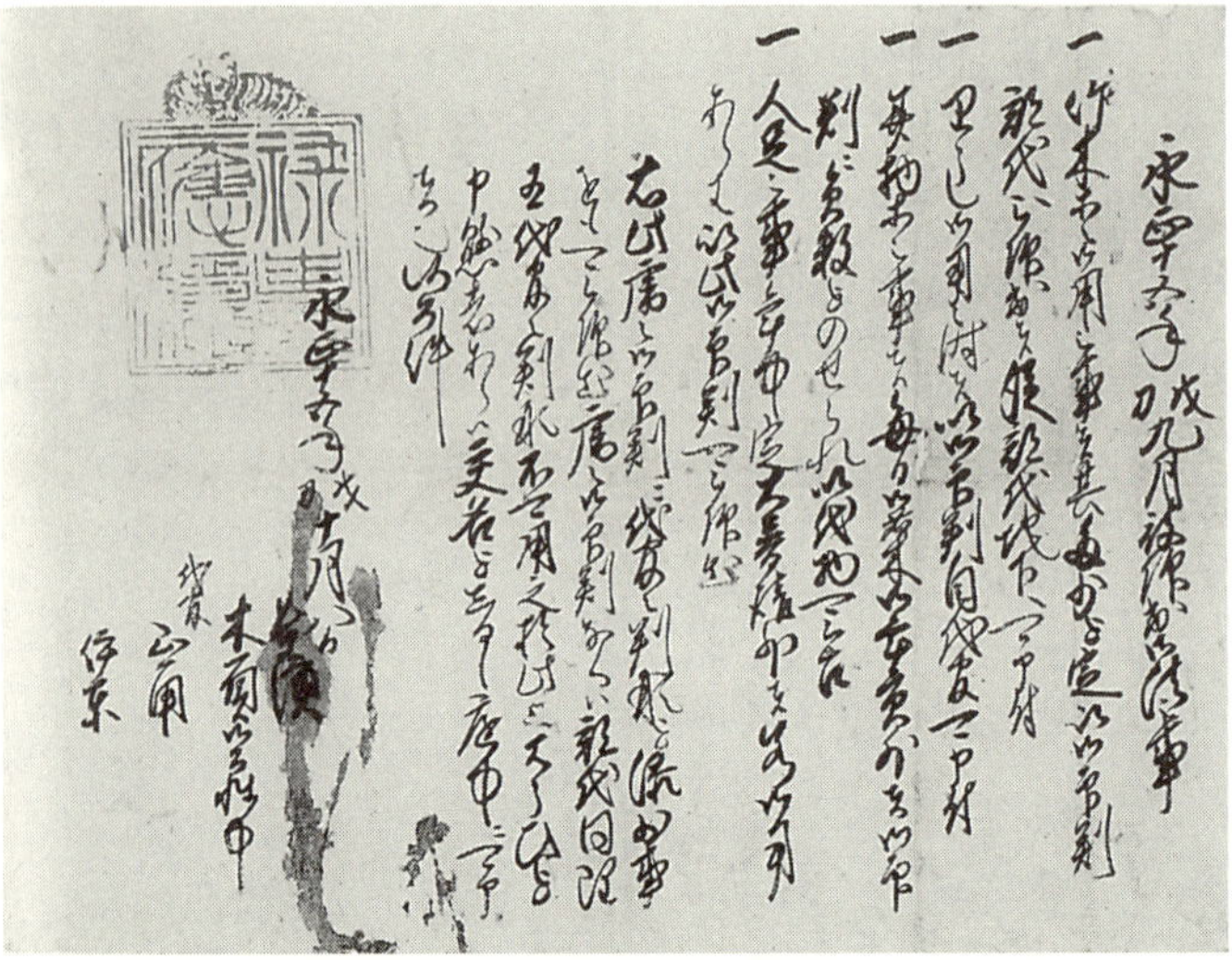

図1　初見の虎印判状（『豆州内浦漁民史料』より）

べるだけの食物は置いておかなくてはいけない。こういったところはこまかに考慮して命じるべきこと（「原文書」『戦国遺文後北条氏編』三五九三号文書。以下、『戦北』三五九三のように略記）。

　これは、虎朱印状《とらしゅいんじょう》（虎印判状《いんばんじょう》）といわれる様式の文書から抜粋して大意をとったものである。虎朱印とは、七・五センチ四方の正方形の内側に「禄寿《ろくじゅ》応穏《おういん》」という印文が刻まれ、その上部に虎がうずくまる意匠を施した朱印で、北条氏の家印《かいん》とされている。これを多くは日付にかけて捺《お》した文書が虎朱印状で、北条氏発給文書のうち、最高の権威がある。

したがって、この指令は北条氏にとって重要なものと思われるが、さらに「分国中の郷村に」ということだから、北条氏の領国全般にわたって適用される内容であることがわかり、重要性を裏づける。

この史料が発給された背景・事情については、しばらく後に述べることになるが、ここでは、その重要な指令の内容に眼を向けよう。まず、郷村に兵粮を置くことの制止が命じられている。ではその兵粮はどうするのかといえば、要害＝城郭にすべて運び込むのだという。ここまでは、とくに異とするところはないかに見える。兵粮というからには、戦争に使われるものであり、それが戦争を遂行する主体である領主の城郭に運び込まれるというのだから。

だが、それに続くところで見逃せない部分がある。すなわち、郷村の人民が当座食べるだけの食物は置いておかなくてはいけない、との但し書きである。当座食べるだけの食物は置いておく、というのは、逆に言えば、当座食べるだけ以外の食物は城郭に運び込まれてしまうということである。すると、この指令で兵粮といわれているものは、郷村にあるほぼすべての食糧ということになる。このようなことがありえるのだろうか。

兵粮の語義

兵粮もしくは兵糧という言葉は、誰しも一度は耳にしたことがあると思う。現代の日常で必要があって用いているわけでもないのに、なぜか妙になじみのある言葉である。そのなじみゆえに、先にも「戦争に使われるもの」と、とくに前提もなく述べたわけだが、郷村にあるほぼすべての食糧が兵粮だなどということになると、とたんにわけがわからなくなってくる。そこで、原点に立ちかえって、兵粮の語義を確認するために辞書を引いてみよう。

まず、現在もっとも詳しい国語辞書だと思われる小学館『日本国語大辞典（第二版）』によれば、「兵粮・兵糧」は「①将兵に給する糧食。兵食。②江戸時代、武家の食料にあてる米」とある。同辞典で「兵粮」を冠する項目は意外と多く、「兵粮方（ひょうろうかた）」「兵粮攻（ひょうろうぜめ）」「兵粮詰（ひょうろうづめ）」「兵粮運（ひょうろうはこび）」「兵粮八木（ひょうろうはちぼく）」「兵粮奉行（ひょうろうぶぎょう）」「兵粮船（ひょうろうぶね）」「兵粮米（ひょうろうまい）」「兵粮廻（ひょうろうまわし）」「兵粮料所（ひょうろうりょうしょ）」がある。当然のことながら、いずれも「兵粮」の語義を前提とし、それに関連した語義である。ただ、「兵粮奉行」の語義②に「食糧または生活費のすべてをまかなう人を職名にたとえていう」とある点に注意しておきたい。

ついで、戦国時代の日本で使用されていた言葉を知るのに至便である『日葡辞書《にっぽじしょ》』を見てみよう。ここでは、岩波書店の『邦訳日葡辞書』を参照する。「ヒャゥラゥ．または、ヘャゥラゥ（兵糧・兵粮）」とあり、「兵士の食糧」とする。用例として「兵糧に詰まる」「兵糧が尽くる」「兵糧を籠むる」があげられているが、いずれも兵糧を食糧としている。

さらに、三省堂『時代別国語辞典』の「室町時代」の巻を見ると、「兵糧」は「陣中における兵士の食糧」とあり、「兵糧」を冠する語として「兵糧詰」「兵糧船」「兵糧米」があげられているが、これらも兵糧を食糧とすることが前提の語である。

ちなみに、現在もっとも詳しい日本史の辞典である吉川弘文館『国史大辞典』には、「兵粮」の項目はなく、「兵粮奉行」「兵粮米」「兵粮料所《ひょうろうりょうしょ》」の項目が立てられている。このうち「兵粮米」については、最初に「兵粮とは戦時における軍兵の食糧」とされたうえで、古代以降の沿革がたいへん詳細に説明されている。「兵粮奉行」「兵粮料所」も、同様の「兵粮」理解を前提としての説明とみなされる。本書でも、「兵粮米」で述べられている文治の守護・地頭勅許や、「兵粮料所」については、後に触れることになろう。

軍記物に見える兵粮

以上から、兵粮の語義について理解されているのは、「将兵・兵士の食糧」という誰しもなじんでいる範囲に、ほぼとどまるものであることが確認できた。では、戦争をテーマとした文学である軍記物《ぐんきもの》にはどのように見えるのか、著名な軍記物の一つである『関八州古戦録《かんはっしゅうこせんろく》』を繙《ひもと》いてみよう。あくまで「兵粮」「兵糧」に限って、同様のものを指すと思われる「粮米《ろうまい》」「資粮《しろう》」などは除外すると、二〇件近く確認できる。

内容はほとんど籠城戦に関わるもので、たとえば、城内への兵粮の通路を断つことや、兵粮・矢玉《やだま》が豊富であること、逆に兵粮が乏しいこと、また城内へ兵粮を舟で運び入れること等々が描かれている。

なかでも兵粮と矢玉との並記が目立つ。これは、籠城戦の描き方として、食糧である兵粮と戦闘用具である矢玉とが、勝敗の帰趨を左右するものとして認識されていたことによりり、定型的に触れられていたことを物語るであろう。戦国時代の軍記物のほとんどは近世になってからの成立だが、近世には兵粮についての認識が定型化をみたということである。やはり軍記物での描かれ方も、実際の戦争における食糧としてであり、また勝敗に関わる重要物資と位置づけられていたといえる。

モノとカネ

だが、これでは冒頭の指令についての疑問にはまったく答えられていない。兵粮が戦争における食糧であり、重要物資であったとしても、それだけでは郷村の食糧すべてが兵粮になるという異様な事態を説明することはできない。

さらに、右に確認してきたことでは説明できない問題がある。天正十五年（一五八七）六月二日、北条氏の家臣である朝倉政元《あさくらまさもと》という人物が、相模国足柄下郡《さがみのくにあしがらしもぐん》の伝肇寺《でんちょうじ》（神奈川県小田原市）に私領の一部を売却した（「相州文書」『戦北』三二一〇）。それだけならばよくあることだが、問題はその際に朝倉が作成した証文の記載である。すなわち、「替代」は「兵粮」一六二俵だけれども、江雪斎《ごうせつさい》（板部岡融成《いたべおかとおなり》、北条氏重臣）のご指示に従って、二貫二五〇文の「兵粮」を差し引いて、残りを未済なく請け取った、としているのである。

ここでの「兵粮」は戦争とまったく関係ない。「替代」とあるのは、売り渡した代価と見て間違いない。つまり、「兵粮」は私領を売り渡した代価ということになる。最初一六二俵と俵数で示されていたのが、値引きした分について二貫二五〇文と、銭に置き換えられている理由はわからないが、銭で示されていること自体、代価であることを明確に物語る。これはどういうことなのか。

辞書に見える語義からも、軍記物に見える描かれ方からもなじみのある戦争における食糧、その当然と思っていたあり方は大きく揺らぐ。わずかに、「兵糧奉行」について、「食糧または生活費のすべてをまかなう人を職名にたとえていう」とあったことが想起される。つまり、「生活費」と言った場合に、戦争とは直接関係がないというところである。

そこで、なじみがあり、当然のものと思っていた食糧である兵粮を、かりに「モノとしての兵粮」と呼ぶならば、売買における代価としてあらわれた兵粮は「カネとしての兵粮」と呼んでおこう。こうした「モノとしての兵粮」「カネとしての兵粮」の関係はどうなっているのか。後者は前者のまれな変形にすぎないのか。それとも、もっと大きな比重を占め、また複雑な関係があるのだろうか。

考えてみれば、現代でも「兵粮攻め」という言い方はしばしば使われる。それは、たいてい敵対、対立する勢力などを経済的に追いつめる方策について言うのであり、食糧を直接的に与えないわけではないことの方がむしろ多いであろう。経済的に追いつめるということであれば、この現代の「兵粮攻め」における兵粮は、まさに「カネとしての兵粮」なのである。経済的に追いつめれば結果的に食糧を入手できなくなるといっても、あくまで兵粮の直接指すものはそう考えるべきであろう。

こうしてみると、戦国時代の兵粮には、再検討の余地がありそうである。そしてそのことは、兵粮を動かして戦争を繰り広げていた戦国大名のあり方とも当然大きく関わり合うのである。

戦国時代と戦国大名

そもそも、応仁の乱から豊臣秀吉の天下統一までと見ても一二〇年以上に及び、地域の実情などに注目すればさらに長きにわたったといえる戦国時代、そのなかで争乱を繰り広げた戦国大名とは何だったのか。戦国時代にしても、戦国大名にしても実にさまざまな議論が繰り広げられ、いまだ結論は出ていない。本書ではこうした議論を正面から扱う余裕はないので、本書の主題に沿っていくつかの点を述べておくにとどめたい。

戦国時代については、近年、戦争と飢饉によって特徴づけられる中世のなかでも、とくにそれらが際立つ、きわめて危機的な時代であったことが強調される傾向にある。そうした時代であってみれば、人間が生きるために必要不可欠である食糧が重要な鍵であることは、いうまでもない。一方で、さまざまな分野で技術的に大きな発展が見られること、堺・博多などで豪商が現れて経済的に活発な動きがあることなども確かである。ここには、「モノ」「カネ」の問題があり、つきつめれば「モノとしての兵粮」「カネとしての兵粮」が絡んでくることが想定される。

戦国大名については、かつてその権力構造や政策がさかんに議論されたことを思えば、近年の研究は沈滞状況にあるといわざるをえない。ただ、戦争論への注目から、戦争の具体的過程、戦場の習俗、武具・武器の具体像等々が明らかにされており、多くの場合戦争を遂行する主体である戦国大名にも、それなりの言及はされている。戦争のなかで兵粮が重要な役割を果たすことはいうまでもない。しかし、従来、兵粮も含め経済的な問題は、戦国時代のみならず前近代の戦争論のなかで正面から取り組まれることは少なかったように思われる。近現代では戦争と経済との関連は、むしろ常識のように捉えられていることからすれば、この問題は、もっと積極的に追究されてしかるべきであろう。その端緒として、あるいはひとつの手がかりとして、戦国大名がどのように兵粮を取り扱って戦争にのぞんだかを明らかにすることが有効・有力であると考える。それはまた、戦国大名のあり方を再考することにもつながるであろう。

以上のように、戦国時代における、戦国大名の、兵粮との関わりは、絡まり合いつつ重要な論点をはらんでいる。前述した、辞書の語義に依るのみでは説明できない兵粮の問題も、これを意識していくことで、解決への道筋がひらけていくことになると考える。本書は、こうした前提のもと、戦国時代の兵粮、戦国大名と兵粮について見ていくこと、さらにその背景となる社会状況・経済状況を見とおすことをテーマとする。

ここでもうひとつおことわりしておきたいのは、「戦国大名」概念についてである。これは、かつてはごくあたりまえのように使われてきた言葉だったが、一九七〇年代末頃から、数ヵ国を支配する、たとえば北条・毛利氏などと、郡規模の結城氏などとを同様に戦国大名としてよいのかといった疑問を含め、内容が曖昧であるとの指摘がされるようになった。その結果、戦国期守護、戦国期統一権力、戦国期大名など、現在に至るまで戦国大名に代わる概念がさまざま提唱されてきている。しかし、これらはいまだに定説をみていないのが現状であり、一般にはまだまだ戦国大名という言葉が慣れ親しまれているといえよう。そこで本書では、戦国時代において一国規模以上の領域を支配する領主を戦国大名、その支配領域を領国《りようこく》と呼んでおくことにする。

なお、兵粮の表記としては「兵粮」「兵糧」があるが、原則として「兵粮」を用い、すでに「兵粮の語義」の項で示したように、引用する際は原典に従う。

戦国大名登場までの兵粮

平安末〜鎌倉時代の兵粮

『平安遺文』『鎌倉遺文』から

戦国時代はもちろん列島全体が戦争に巻き込まれた時代で、その規模も長さも際立つわけだが、そもそも日本の中世という時代は、戦争が断続的に起こっていた。この点を考えると、戦国時代に戦国大名が登場するまでの兵粮について、見ておく必要があろう。こうした認識から、その時期に「兵粮」という文言がどのように現れているかを確認していきたい。

しかし、これではあまりにも茫漠としているので、時代区分としては、中世をひとまず一一世紀なかばの院政期からとしたうえで、便宜上鎌倉時代までを一括りとし、南北朝〜室町時代をもう一括りとする。室町時代をどこまでとするかも難しいが、一五世紀末までで戦国大名が登場していない事例については、便宜上室町時代のこととして、戦国時代と区別する。

ついで、確認の仕方である。事例は史料から集めるわけだが、あまりにも膨大であるため、ここではさまざまな文献のなかでもっとも信憑性・信頼性の高い古文書としておく。さらに、院政期から鎌倉時代については、竹内理三氏の編纂になる『平安遺文《へいあんいぶん》』『鎌倉遺文《かまくらいぶん》』から収集することとする。これらは周知のように、平安時代・鎌倉時代の古文書を編年で収集・編纂した史料集で、『平安遺文』は全一一巻で五〇〇〇通以上、『鎌倉遺文』は全四二巻・補遺四巻で三万数千通の古文書を収録している。現在では両『遺文』未収録の古文書も数多くなっているが、両時代におけるさまざまな事柄について、おおまかな傾向をおさえるには、いまだきわめて有効である。

図2　竹内理三

そこで、以下ではまず院政期から鎌倉時代までの「兵粮」文言が見られる史料（以下、「兵粮」史料と略す）を『平安遺文』『鎌倉遺文』から検索し、それをもとに当該期の兵粮について考えていこう。

中世を院政期からとして検討すると前述したが、実は、『平安遺文』では一二世紀後半に至るまで、ほとんど「兵粮」の事例は見あたらない。事例が目につくようになるのは、平安末、治承《じしょう》・寿永《じゅえい》の乱の時期なのである。

治承・寿永の乱とヒト・モノの徴発

治承・寿永の乱は、一般に源平合戦《げんぺいかっせん》として認識され、勝者となった源氏正嫡の源頼朝が鎌倉幕府を開き、本格的な武家政権が成立する結果となるものと理解されてきた。しかし、このことには疑問が提出され、乱の内容についてはもっと混沌としており、頼朝も源氏の一勢力にすぎなかったことが指摘されている（川合二〇〇四）。また、この内乱は列島全体に広がったもので、日本の歴史において未曽有の規模だった。これは、必然的に内乱に参戦する人員もそれまでとは比較にならないほど多数となったことを意味する。そこには多種多様のヒトやモノが加わっていた。

寿永二年（一一八三）三月には、平氏が北陸道遠征に際して、山城国和束杣《やましろのくにわつかのそま》（京都府和束町）に対して、「兵士ならびに兵粮米」を賦課し、たまりかねた和束杣の杣工《そまく》たちが領主の興福寺に免除してくれるように訴えを起こした（『平安遺文』四〇八〇号文書、以下、

『平』四〇八〇のように略記)。林業を生業とする杣工たちが「兵士」として徴発されたわけで、かつてはこの事実について、戦闘員としての役には立たない杣工まで動員している平氏の窮状を示すとされていた。しかし、川合康氏が杣工の職能に注目した工兵としての動員であることを指摘して、評価は大きく変わった。ここでいう工兵とは、騎馬の突進を防ぐための柵などを設置する役割であり、訓練された戦闘員としての武士以外にも、このように職能に応じたヒトが動員・徴発され、大人数によって展開されたのが、治承・寿永の乱における戦闘の実態だったのである(川合二〇〇四)。

一方、兵粮米が徴発されていることにも注目しておこう。かつてない大規模な戦争が展開するなか、ヒトとモノとがこれまたかつてない規模で必要とされたわけである。寿永二年七月、平氏は京都を離れ西走するが、こうしたヒトとモノとの徴発は、この後、源氏が主体となって行っていることが確認される。

たとえば、寿永三年には、摂津国垂水《たるみ》東牧《ひがしまき》(大阪府吹田市等)・西牧《にしまき》(大阪府豊中市等)で「兵士・兵粮米」等を催す武士の狼藉が停止《ちょうじ》され(「春日神社文書」『平』四一三一・四一三二)、同年(改元して元暦元年)高野山伝法院《でんぽういん》領荘園でやはり「兵士・兵粮」等の徴発が停止されており(「根来要書下」『平』四一七四・四一九一・四二二五)、戦争のなかで大量のヒト・モノが切実に必要となって、動員・徴発されたといえる。この切実さは、そうという強引なやり方につながったことが容易に想定され、動員・徴発された側からは武士の「狼藉」と非難されることになったのである。

とはいえ、戦争のなかでヒト・モノが必要となって在地から動員・徴発されるというのは、むしろ読者のイメージどおりなのではないだろうか。

文治の勅許と「過分」の徴収

内乱状況が続いていき、これに変化は表れるのだろうか。

文治元年（一一八五）十一月、有名な、いわゆる守護・地頭勅許が発せられた。すでにこの年三月、平氏は長門国壇ノ浦《ながとのくにだんのうら》（山口県下関市）で滅亡していたが、頼朝は対立した弟義経、叔父行家《ゆきいえ》の捜査・逮捕を名目として勅許を得たのである。

つまり、事実上、内乱状況は収束していたと見られるが、頼朝は義経・行家との対立を逆に好機として内乱状況の継続とし、守護・地頭設置の公認を朝廷から勝ち取ったわけである。いうまでもなく、このことの意味はたいへん大きく、研究史も膨大である。ここでは、兵粮に関わる重大決定に限って見ておこう。すなわち、守護・地頭勅許で認められた事柄のひとつである段別《たんべつ》五升（土地一段〈反〉について五升ずつ）の兵粮米徴収である。

明らかにこれと関わると思われるかたちで「兵粮」史料は増加する。では、それはどういう内容なのか。まず、勅許の翌年三月一日に京都守護として上洛していた北条時政が後白河院に対して立てた伺いを見てみよう（『吾妻鏡』文治二年三月一日条」『鎌倉遺文』六一号文書、以下、『鎌』六一のように略記）。これは、守護・地頭勅許以来各地で起きた問題・紛争を受けてのものと思われるが、それにしても十一月に勅許が発せられてから四ヵ月足らずでこうした事態になるとは、よほど問題が頻発したものであろう。

時政の述べている点で注目されるのは、国々の百姓たちや兵粮米使たちが、あれこれと理由をつけて所々の公物《くもつ》を押領《おうりよう》し、訴訟が絶えない状況となっているので、とにかく事態を糺明して、兵粮米に「過分《かぶん》」があればその「過分」を返済するように、百姓らに未済があれば早く究済させるようにとの御下知をこうむりたいとしていることである。

公物の押領が訴訟の原因だが、それに至るのは、兵粮米の「過分」、百姓らの未済があったためである。つまり、兵粮米使による兵粮米の「過分」の徴収が訴訟の噴出を招く大きな原因となっていたのである。百姓らの未済も「過分」の徴収に圧迫されてのことであった可能性もあろう。

頼朝も、時政とほぼ同時に在京武士が事を「兵粮催《もよおし》」に寄せてひそかに押領を行っていると指摘しており（『吾妻鏡』文治二年三月二日条」『鎌』六四）、兵粮の徴収を名目とした押領は、京をも含めた各地で問題化していることが知られるのである。

ただでさえ、内乱状況は実質的に収束していたのに、兵粮米使はさらに「過分」の徴収を図っている。これは、先に述べた戦争のなかでの切実な必要による徴発とは大きく意味が異なるといえる。つまり、食うために＝「モノ」として、ではなく、得分《とくぶん》そのもの、いわば「カネ」として収奪しようとしたのである。

承久の乱・モンゴル襲来・幕府滅亡

文治の守護・地頭勅許で認められた段別五升の兵粮米徴収は、「過分」の徴収をもたらし、大きな混乱を招いた。幕府もこれを看過するわけにはいかなくなり、兵粮米の徴収は停止、免除されることになる。治承・寿永内乱収束時の「カネとしての兵粮」への動きは、ここでいったん押しとどめられたのである。

その後、「兵粮」がまとまって見られるのは、承久三年（一二二一）である。いうまでもなく、承久の乱が起こった年であり、そこで兵粮が必要とされて多く史料上に見られるようになっても、一見何の不思議もない。

ところが、「兵粮」史料は、すべて乱が六月に収束してから後のものである。つまり、文治の守護・地頭勅許後と同様に、どう考えても切実に兵粮が必要ではない段階で、「兵

図３　蒙古襲来絵詞（宮内庁三の丸尚蔵館所蔵）

粮」の事例が見られるのである。

たとえば、八月に幕府は土佐国《とさのくに》香曽我部保《こうそかべのほ》（高知県香南市）における「兵粮米催已下狼藉」を停止するように指令している（「香宗我部家伝記文」『鎌』二七九一）。同様の事態は紀伊・播磨・備中など各地で確認でき、深刻な問題であったといえる（「高野山文書宝簡集二十六」「前田家蔵古蹟文徴一」「根来要書下」「東寺文書甲号外」「東寺文書千字文」『鎌』二七九七・二七九九・二八〇二・二八五六・二八七一等）。これらは、乱の結果、力を増大させた鎌倉武士たちが、食うためではない、「カネとしての兵粮」を欲したものと見て間違いない。兵粮は戦時から平時への転換のなか、意義を変えていったのである。

ついで兵粮が切実に求められる局面としては、ただちにモンゴル襲来が思い浮かぶであろう。日本が直面した久しぶりの対外戦争であり、当然のことながら多くの軍勢が投入されたから、よほど多くの兵粮が必要とされたはずである。ところが、なぜか「兵粮」史料はほとんど見あたらない。

ただ、わずかに残された史料からは、ただならぬ状況がうかがわれる。弘安四年（一二八一）六月に幕府が出した指令では、「異賊合戦」に際して兵粮米に充てるため、鎮西や中国地方の因幡《いなば》・伯耆《ほうき》・出雲《いずも》・石見《いわみ》各国から「得分」や「米穀」を徴収しようとしていることがわかり、そのやり方は「点定《てんじょう》」＝差し押さえというものであった（「壬生官務家日記抄弘安四年七月六日条」『鎌』一四三五五）。規模もさることながら、やり方も強引であり、かなり切実に食うための、「モノとしての兵粮」が必要であったことがうかがわれる。残された史料の少なさにかかわらず、兵粮は大がかりな動きをしていたと考えるべきであろう。

鎌倉幕府が滅亡した元弘三年（一三三三）にも「兵粮」史料がまとまって見られる。後醍醐天皇が軍勢にさまざまな指示をするなかで兵粮米の扱いについて触れたり、護良親王《もりよししんのう》が「兵粮之沙汰」を致した忠節を賞したりしているのは、明らかに倒幕戦のなかで実際に食うための「モノとしての兵粮」であるといえよう（「伊勢光明寺残篇」「同右」「源喜堂古文書目録三」『鎌』三二一二四・三二一二五・三二一七七）。また、五月の幕府滅亡後に見える「兵粮」史料も、兵粮米供出の軍忠について述べているものであり（「備前安養寺文書」「摂津勝尾寺文書」『鎌』三二三四五・三二四三六）、この年の場合、戦争後でも兵粮は「カネ」ではなく、「モノ」として現れているのである。

ここまで見たのは、よく知られた戦争に関わる「兵粮」史料についてである。戦争があれば兵粮も出てくるのは当然だが、こうした戦争が

悪党と戦争状況

見られない時期にも、「兵粮」史料はある。鎌倉時代後期から末期にかけては、正応二年（正中元、一二八九）〜元亨四年（一三二四）にしばしば現れる。

この時期に何か特徴的な点はあるか概観してみると、「悪党」文言が一部に見られる。また、少しさかのぼって鎌倉時代半ば頃にも「兵粮」と「悪党」がともに見られる例がある。悪党は周知のように、鎌倉時代半ばすぎ頃から登場し、しばしば荘園に侵入、略奪などを繰り返す反体制的存在である。では、悪党と「兵粮」はどのような関連で現れているのだろうか。

文保元年（一三一七）五月、東大寺学侶衆徒《がくりょしゅと》は、住吉神主国冬なる人物が数百貫を貸したために、悪党らが「閇籠合戦《へいろうかっせん》」の兵粮に充ててしまったと非難している（「東大寺文書」

『鎌』二六二一一）。元応元年（一三一九）七月、東寺では、播磨矢野荘《はりまやののしょう》（兵庫県相生市）の荘境に悪党が現れたら、兵粮米を用立てることを定めている（「東寺百合文書ト」『鎌』二七一〇六）。悪党の侵入にともなう合戦が想定されているわけである。元亨四年正月、伊予《いよ》弓削島荘《ゆげしまのしょう》（愛媛県上島町）所務代官承誉は、自らが兵粮米を調達し、数百人の軍勢を率いて合戦し、悪党等を討ち退ける忠節をはたらいたことを、東寺に対して申し述べた（「東寺百合文書ハ」『鎌』二八六五〇）。

いずれの例においても悪党絡みでの合戦があったり、想定されたりしている。鎌倉後期には悪党が荘園への侵入を繰り返し、対抗する荘園在地の側もあるいは武力を蓄えて防衛態勢を整え、あるいは武力を調達するための富を用意するという状況であった（小林二〇〇一、高橋二〇〇八）。

小林一岳氏は、一四世紀に入ると、悪党の問題は戦争の問題になっていると指摘している（小林二〇〇一）。つまり、在地＝地域社会では悪党によって小規模な戦争が頻発しており、その戦争で兵粮が必要とされるわけである。

一三世紀半ばにさかのぼっての事例でも、建長四年（一二五二）三月に紀伊粉河寺衆徒《きいこかわじ》が、粉河寺領丹生屋村《にゅうのや》（和歌山県紀の川市）と高野山領名手庄《なてのしょう》（同前）との堺相論《さかいそうろん》（所領の境界をめぐる訴訟）の最中、高野山の僧徒等が悪党等を招集し、庄庄人民から「兵粮」と称して蠁牙《しょうげ》＝白米を責め取り、用途と号して鵝眼《ががん》＝銭貨を乞い聚《あつ》めていることを訴えており（「高野山文書又続宝簡集二十」『鎌』七四二六）、堺相論が合戦に及ぶことを想定しての行為であるといえる。

鎌倉後期からさかんになる悪党の活動は地域社会に小規模な戦争を次々と引き起こしていき、いわば戦争状況を現出する。それが兵粮を必要とするわけである。よく知られている大きな戦争こそないが、在地＝地域社会の根深いところで、鎌倉末期になると戦争状況が拡大、深刻化していき、兵粮の需要もまた増えていくのである。

南北朝〜室町時代の兵粮

兵粮の戦費化と半済令

南北朝内乱は、列島社会全体を巻き込み、その規模は治承・寿永の乱以来のものであり、しかも長さという点では、はるかに凌駕した。鎌倉後期以来増えてきた兵粮の需要もさらに増えたことが予想され、実際、半済令《はんぜいれい》という兵粮との関わりで重要な法令が、室町幕府によって発せられることとなった。

この半済令を、小林一岳氏は地域社会の側から捉え直した。すなわち、南北朝の戦争の激化によって、地域社会で戦費としての兵粮米の徴収が進み、これを年貢の一部として事前に徴収する半済のシステムが成立し、年貢そのものの戦費化が進んだことが前提としてあり、幕府は戦費化した年貢をめぐる競合・争奪＝戦争状態を否定するために半済令を出すとしたのである（小林二〇〇一）。

半済令といえば、幕府が上から設定し、兵粮料所《ひょうろうりょうしょ》として荘園を侵食するイメージが強かったと思われるが、実は半済というやり方は幕府の指令を待つまでもなく、下から現れていたことを小林氏は主張したのである。このこと自体、たいへん重要な指摘だったわけだが、ここではとくに兵粮との関わりで考えてみよう。

つまり、小林氏は兵粮米を戦争で食うモノに限らず、広く戦争のための用途に充てる戦費＝カネとして把握した。鎌倉末期からの在地社会の状況を見ていた高橋典幸氏も、小林説を受けて、「兵粮」を食糧と限定せず、戦費や在地における富と考えた（高橋二〇〇八）。こうして、鎌倉末期から南北朝時代にかけて「兵粮」の見方が広がったのである。

これは、兵粮を考えるうえで、実に画期的なことだったわけだが、いま一度鎌倉末期の戦争状況を見なおしてみよう。実際の戦いのなかでは、もちろんさまざまな戦費の用途があるわけで、それを「兵粮」の名目で獲得しておいて用途ごとに割りふるということはありうる。しかし、戦争が進行している以上、何よりも優先されるのは食うことではないのか。食うことができなければ、戦争そのものは継続できない。

ここで、先に見た建長四年三月の例に立ちかえろう。そこでは、蠻牙＝白米と鵝眼＝銭貨の区別がされていた。鎌倉時代後期以来、兵粮が戦費になることが進んでいたとしても、モノからカネへの成りかわりが果たされてしまったということではなく、モノ・カネ両様の兵粮ということになっていたのではないか。

鎌倉末期からの在地社会における戦争状況は、南北朝時代になってそれがますます拡大・深刻化していって、兵粮がモノ・カネ両様の姿を顕著に見せはじめることこそが重要であると捉えておきたい。

以下では、南北朝時代の「兵粮」史料を見ていくが、かなり膨大になってしまうので、さしあたり東国を中心としていきたい。これは、のちに見る戦国大名の事例が、北条や今川など、東国のものが多いこととも関わっている。

兵粮・要害と籠城戦

東国での南朝・北朝の抗争でひとつの大きなヤマといえるのが、延元三年（暦応元年、一三三八）に南朝の重鎮・北畠親房《きたばたけちかふさ》が下向してから、興国四年（康永二年、一三四三）の撤退に至るまでの活動である。それを反映して、親房が主導した戦いのなか、「兵粮」がまとまって見える。

興国元年（暦応三年）と推定される南朝方攻勢の時に、親房は次のようなことを述べている。南朝方の関宗祐《せきむねすけ》が陣を取って、「凶徒」の「兵粮之道」を断つ、と（「松平基則氏所蔵結城文書」『南北朝遺文関東編』一〇八六号文書、以下、『南北関東』一〇八六のように略記）。「凶徒」はいうまでもなく北朝方である。親房指示のもと、南朝方の関宗祐という武士が北朝の兵粮運送路を遮断する作戦に出ていることがわかる。

また、同じ年には次のように述べる。次々と攻撃したため、「凶徒」＝北朝方は弱りきっている。それに増援の兵もない。ただ、「凶徒」は「要害《ようがい》」を構えているうえに、兵粮も尽きる様子はないようだ、と（「国立国会図書館所蔵有造館本結城古文書写」『南北関東』一一〇五）。味方の優勢を誇りつつ、懸念を示しているのだが、その材料は「要害」と兵粮であった。長引く戦闘のなかで味方に対し、自分の優勢を誇るのはありがちなことだが、それだけにそこで示される懸念材料には真実味がある。敵が籠城する堅固な拠点＝要害と、根本のところで敵の活動を維持する兵粮こそが、戦争の帰趨を左右するものだったことが示されているのである。

このことは、南朝方が守勢にまわった時にも裏返しのかたちで示される。親房は、興国二年（暦応四年）、籠城にあたって、兵粮の用意があること、兵粮が尽きることはないこと、要害にしても兵粮用意にしてもしばらく持ちこたえるのには問題がないことを述べて

図4　大宝城跡（下妻市教育委員会提供）

いる（「相楽文書」『茨城県史料』中世編Ⅴ、四九〇ページ）。繰り返し繰り返し、兵粮のことを述べ、また要害についても触れている。これらによって籠城は大丈夫だというわけである。さらに、味方の城々については、要害といい兵粮等の用意といい、たとえ年月を送ることになっても問題はない、と豪語したりしている（「阿蘇文書」『神奈川県史』資料編三古代・中世三上、三五七三号文書）。

攻める時には敵の兵粮・要害が懸念材料だったのが、籠城し、守る時には支えとなっている。確実に、兵粮と要害が攻めるにしても守るにしても、重要だったといえるのである。ちなみに、親房の豪語は、東国における南朝方の最大与党だった小田治久《おだはるひさ》が北朝方に転じたため、小田城（茨城県つくば市）を出なければならなくなった後のことと考えられ、豪語とは裏腹に、実情はそうとう厳しいものだったようである。

内乱と兵粮の把握

南朝方は常陸《ひたち》の関城（茨城県筑西市）・大宝城《だいほうじょう》（茨城県下妻市）で籠城戦を展開するが、興国三年（康永元年）頃からしだいに兵粮の蓄えがないとか、兵粮が払底している、闕乏している、闕如している、難儀であること等々が嘆かれるようになっていく（「関城書幷裏書所収文書」「白河結城家文書」「国立国会図書館所蔵有造館本結城古文書写」『南北関東』一三五九・一四一〇・一四一四・一四三九）。

攻勢に出ている時、また守勢にまわっても初期の段階では兵粮と要害が相並んで戦況の鍵を握ると認識されていたが、兵粮が不足してくると、要害が堅固だから大丈夫だなどと言っている余裕もなくなってしまう。兵粮と要害とを比べれば、兵粮こそがもっとも戦況を左右するものだったのである。

ここまで見た南北朝時代の東国における「兵粮」は、籠城戦に関わっているところから、食糧として消費されるモノとしての兵粮であることが明らかである。このほか、暦応二年（延元四年）頃には、北朝方の山内経之という武士が、南朝方と戦うために常陸へ向かうにあたって、武蔵の関戸観音堂（東京都多摩市）の僧侶に「ひやうらまい」＝兵粮米の調達を依頼している例もある。「米」であるわけだし、山内は「一二た」＝一、二駄でも欲しいと述べており、モノと見て間違いない（「武蔵高幡山金剛寺不動明王像像内文書」『南北関東』九八一）。

では、カネについてはどうだろうか。これもまた少なからず見られる。建武五年（延元三年）五月には、駿河《するが》国守護の今川範国《いまがわのりくに》が、遠江《とおとうみ》国井伊城（静岡県浜松市）攻めのためということで、駿河国池田郷（静岡県静岡市）正税を松井兵庫允に、駿河国香貫郷《かぬきごう》（静岡県沼津市）正税四分壱を松井八郎に、それぞれ「兵粮所」として充行《あてが》っている（「蠹簡集残《とかんしゅうざん》編《ぺん》所収松井利兵衛所蔵文書」『静岡県史』資料編六中世二、二〇三・二〇四号文書）。

暦応四年（興国二年）十月には、某が常陸国中郡庄鴨部郷《かもべごう》（茨城県桜川市）漆（七）分一を兵粮料所として佐竹弥次郎に与え（「水戸彰考館所蔵諸家文書纂六十四所収諸家文書」『南北関東』一二七九）、観応二年（正平六年、一三五一）八月には、高階某が下野《しもつけ》国中泉庄《なかいずみのしょう》（栃木県小山市）を兵粮〔料〕所として小山四郎に、延文二年（正平十二年、一三五七）六月には、芳賀高貞《はがたかさだ》が越後国瀬波郡《せなみぐん》小泉庄《こいずみのしょう》（新潟県村上市等）の城介入道跡等を兵粮料所として色部遠江守に預け置くことを、それぞれ伝えている（「松平基則氏所蔵文書」「桜井市作氏所蔵色部文書」『栃木県史』史料編・中世二　一六一ページ、『南北関東』二七六一）。

これらは、いずれもいわゆる兵粮料所の預け置きである。兵粮料所とは、室町幕府により、兵粮に充てることを指定された所領だが、小林一岳氏によれば、戦争のなかで荘園や所領が実力で占有されていき、それを幕府がとりあえず追認するのが、兵粮料所としての預け置きだったという（小林二〇〇一）。つまり、内乱が展開する状況下で、地域社会＝在地の富を、戦費＝カネとしておさえる行為が横行していたわけである。

このように内乱のなか、鎌倉時代末期に引き続いてモノ・カネ両様の兵粮が確認され、前者は戦争における食糧として、後者は（少なくとも名目は）戦争のための用途＝戦費として、いずれも重きをなしていたのである。

カネの比重増加

明徳三年（一三九二）南北朝の講和が成り、六〇年近く続いた内乱は、ようやく一応の終わりを告げた。しかし、東国についていえば、その時も小山義政・若犬丸の乱が断続的に起きており、またそれ以降も禅秀の乱、永享の乱、結城合戦、江ノ島合戦などが起こって、ついには享徳の大乱に至り、事実上の戦国時代に突入する。

してみれば、東国では相変わらずモノとしての兵粮は多く見えそうであるが、どうであろうか。

永享十二年（一四四〇）十月、結城合戦の最中、室町幕府軍の部将仙波《せんば》常陸介《ひたちのすけ》が、幕府政所執事伊勢貞国に対し、諸将の意見を報告した（「安得虎子五」『北区史』資料編古代中世

一、一二六号文書)。結城合戦とは、永享の乱で滅んだ鎌倉公方足利持氏の遺児安王丸・春王丸が結城氏朝《ゆうきうじとも》に奉じられて挙兵したもので、安王丸・春王丸・氏朝らは、氏朝の本拠である下総《しもうさ》国結城城(茨城県結城市)に籠城し、幕府軍を迎え撃ったのである。

仙波は、籠城側について、「兵粮限」「兵粮以下限」「兵粮無用意」等と述べている。籠城側の兵粮は限りに達している、もはや備蓄の用意はないとして、攻撃の機会を測ろうとしているのである。これは、南北朝時代の例で見たのと同様に、食糧として消費されるモノと考えてよいだろう。

実はこのほかに、明確にモノと言い切れる「兵粮」がなかなか見あたらない。正長元年(一四二八)六月、千坂信高なる人物が、越後国奥山庄内「関沢跡」を、「兵粮料所」として「黒川殿代」に打ち渡すと見えるのは、南北朝時代の兵粮料所の事例とまったく同様と考えてよく、カネとしての兵粮である(「三浦和田黒川氏文書」『新潟県史』資料編4中世二、一三四八号文書)。

また、一五世紀東国で最大の内乱、戦争である享徳の大乱に関して見てみると、いずれも兵粮料所の事例である。室町幕府に滅ぼされた足利持氏の子である成氏《しげうじ》は、赦されて鎌倉公方の地位に就いていたが、享徳三年(一四五四)十二月、関東管領山内上杉憲忠を偽って自邸に招き、殺害した。この後、成氏は鎌倉を退去して与党勢力が盤踞する北関東に至り、上杉一族と関東を二分する抗争を開始する。こうして、長年東国を支配していた鎌倉府の体制は瓦解し、以降の成氏は古河公方といわれている。

ここで室町幕府は上杉一族を支持し、成氏に代わる鎌倉公方とするために、八代将軍義政の異母兄弟である政知を送り込む。政知は鎌倉に入ることはできず、堀越公方《ほりごえくぼう》といわれる勢力を築くが、政知および彼を補佐するために付せられた渋川義鏡《よしかね》と上杉氏との間に対立が生じてしまう。

そのことを顕著に示しているのが、寛正三年（一四六二）に起きた「兵粮料所」の預け置きをめぐる事件で、堀越公方側の措置がことごとく幕府＝将軍義政によって覆され、上杉氏の言い分が通されている（「鹿王院文書」「足利家御内書案」『北区史』資料編古代中世一、一七六〜一七九号文書）。ここでの「兵粮料所」は、対古河公方勢力の戦費に充てられるものであるのは明らかで、それをめぐって、足並みを揃えるべき上杉氏と堀越公方との間で利権争いが起きてしまったのである。

このように、残された史料からは、カネとしての兵粮が比重を増加しているように見えるのである。

兵粮料所が代表的に示しているカネとしての兵粮は、前述したように、地域社会＝在地の富を、戦費＝カネとしておさえる行為で、小林一岳氏が指摘するように室町幕府はそれを追認したわけだが、内乱状況のなか、戦時における臨時措置であったはずである。

戦時から平時へ

しかし、これは内乱終結後、平時に至っても定着させられた。少しさかのぼるが、そのあたりの背景を見てみよう。貞治二年（正平十八年、一三六三）十一月、粟生田《あおうだ》丹後入道なる人物が「一旦兵粮之預状」をもって地頭と号し押領をはたらいていることが訴えられた（「大徳寺文書」『兵庫県史』史料編中世七、四九四ページ）。「一旦」というのだから、臨時措置である。臨時に兵粮を預け置かれた粟生田は、それを根拠に自分は「地頭」であると主張して押領をはたらいたのである。これは、「兵粮料所」の預け置きが戦時だからということで臨時に行われても、預け置かれた側ではそれを定着化させようとする動きが活発であったことを示しているといえよう。治承・寿永の内乱や承久の乱後における兵粮の「過分」の徴収、「狼藉」を彷彿させるではないか。

室町時代でも、たとえば朝日近江守なる人物が、伊豆国宇加賀《うかが》（静岡県伊東市）・下田（静岡県下田市）両郷を「兵粮料」と号して違乱したことに対し、室町幕府が停止を命じている（「尊経閣古文書纂所収宝菩提院文書」『静岡県史』資料編六中世二、二五二一号文書）。この場合は預け置きに至っていないわけで、もはや朝日の「兵粮料」という主張自体が怪しい。隙あらば在地の富を「カネとしての兵粮」に変換し、吸収してしまおうとする動きは、此処彼処《ここかしこ》に蔓延していたといえよう。

先に見た「半済」から半済令への展開は、戦時に成立した制度が平時に定着させられていくものといえるが、このようなことは、いかにして可能となるのだろうか。もちろん、戦争の規模が巨大であったことを第一にあげることはできる。だが、その前提にはまた、在地の富をめぐる紛争の深化があったのではないか。だからこそ、地域社会の側から「半済」が成立し、幕府はそれを捉え返して半済令を発布し、「兵粮料所」を獲得する動きは活発化する一方となって、後戻りができなくなったのであろう。在地の富を「兵粮」化して、ある程度分配しなおしたことによって、戦時から平時へようやく移行することができたからである。

戦争における位置づけ

ところで、前述のとおり、南北朝内乱はたいへんな規模、長さだったし、南北朝が合体しても、東国では断続的に戦争が起きていた。それならば、モノとしての兵粮はいよいよ必要とされたはずだが、なぜか史料的には影が薄く、むしろカネとしての兵粮が目立っている。

モノとしての兵粮なしに戦争が遂行されるはずはなく、戦争における最重要物資のひとつだったとすれば、このことはいかに理解すればよいのだろうか。

ここで考えてみたいのは、史料的に影が薄いことの意味である。史料化されるということは、多かれ少なかれ「特別」なことである。つまり、何らかの必要・目的があって文字にされ、それが文書であれば、人や組織の間でやりとりされたりするわけである（もちろん、その後保存され、「残る」ことにもまた意味があるが、ここでは省略する）。

では、モノとしての兵粮が史料化されるのはどういう場合か。必要や目的という点から考えれば、どこかから調達したり、またどこかへ搬送したり、誰かに配給したりということではないのか。それでこそ、兵粮が最重要物資であることに則しており、戦争のプランの中に位置づけられているといえる。

ところが、先に見た事例ではどうであったか。治承・寿永内乱から鎌倉時代末までは、ともかく必要に迫られて賦課している有様ばかりが見える。南北朝内乱の東国は籠城戦に関わるものがほとんどで、内容はといえば、いずれも籠城側の「兵粮」が充足しているか不足しているかのレヴェルで問題とされている。それはたしかに戦争の帰趨に関わっていると認識はされており、モノとしての兵粮の重要性は明らかなのだが、状況の後追いのように述べられているにすぎず、積極的にどう処置するかといったことはほとんど見られないのである（「兵粮之道」を断つとの例くらいであった）。

つまり、これは兵粮が戦争のなかに確固とした位置づけを得ていないことを示しているのではないか。兵粮の重要性は認識されているにもかかわらず、戦略・戦術に組み込まれている様子がないことは、当面そのように疑われるところである。

だとすれば、それは何に由来するのか。時代が移るとそれは変わるのか。また、こうしたモノとしての兵粮の有様は、カネとしての兵粮が目立ってくることとも関係するのか。さまざまな疑問がわいてくるところである。いよいよ次に、本書のメインテーマである戦国時代の兵粮に踏みこんでいくことによって、問題に迫ろう。

戦時の兵粮・平時の兵粮

調達の方法

日本史上、もっとも長期にわたって内乱が繰り広げられた戦国時代、数多くの戦争をたたかった戦国大名は、兵粮をどのように調達したのか。戦国時代の兵粮について、まずはこの、ある意味では基礎的なことがらから考えてみたい。したがって、しばらくはモノとしての兵粮の話となる。

戦国大名の軍隊と「兵粮自弁」

ところで、ひとつこの問いに向かう前に見ておかなければならないことがある。それは、戦国大名の軍隊とは兵員が兵粮を自分で用意する「兵粮自弁《ひょうろうじべん》」の軍隊であり、兵粮が支給される近世大名の軍隊とは大きく異なる、とする議論である（高木一九九〇）。

もし、この議論のとおりだとすると、兵粮は兵員がおのおの持ち寄るわけだから、戦国大名が兵粮をどのように調達したのかという問いは、意味をなさなくなる。この点は、どうなのだろうか。

実は、すでにいくつかの疑問・反論が提示されている。たとえば、百姓が戦争に動員された場合、兵粮が支給されていることや（藤木一九九五）、大名による兵粮の大量調達の指摘などがされている（永原一九九〇、菊池二〇〇〇。なお、以下菊池氏の見解はすべてこの論文による）。

つまり、「兵粮自弁」については、再検討の余地を見出せるわけである。そこで、以下でも、戦国大名の兵粮調達が見られるのか、見られるとすればどのようなものなのか、調べていってみよう。

短期決戦と「腰兵粮」

永禄七年（一五六四）正月、北条氏第三代当主である氏康《うじやす》（なお、この時の当主はすでに子息の氏政《うじまさ》）は決断を迫られていた。かねてから敵対していた房総の里見義弘《さとみよしひろ》が軍勢を率い、下総国市川（千葉県市川市）に進出してきたのである。これには、武蔵国岩付《いわつき》（埼玉県さいたま市岩槻区）の太田資正《おおたすけまさ》の軍勢、さらには北条氏から離反した武蔵国江戸の太田康資《やすすけ》も加わっていた。

里見勢は連携する太田資正の本拠岩付城を目指していたらしく、同城へ兵粮を送ろうと

図5　北条氏康（早雲寺所蔵）

していた。ところが、「ねたん問答」が起きてしまい、市川からなかなか動くことができなかったという。「ねたん」は「値段」で、兵粮を売る商人と価格交渉で揉めていたのだろう。

この里見勢の渋滞状況を見て、氏康に従う江戸衆や、北条氏の麾下《きか》に入っていた下総の高城胤辰《たかぎたねとき》から、先制攻撃の機会であるとさかんに氏康へ進言があったのである。慎重な性格である氏康も再三促され、ついに攻撃を決意した。家臣である秩父・西原という武士に対しては、次のような指示をした。

明日（正月五日）当地（小田原）より具足の支度をして「腰兵粮《こしひょうろう》」を乗馬につけ、出撃するように。そのために、必ず明日昼以前に小田原に到着せよ。兵粮の準備ができなければ当地で貸してやる。もとより「三日用意」なのだから、陣夫は一人も召し連れることはない。定められた軍役の人数が揃い次第、馬に乗って鑓《やり》を持ち、必ず明日五日の昼以前に到着するようにせよ。一戦が決定したのだから、中間・小者であっても熟練した者を残らず召し連れよ（「西原一夫所蔵文書」『小田原市史』史料編中世Ⅱ小田原北条一　五八四号文書。以下、『小』五八四のように略記）。

いかにも緊迫した様子を伝える内容である。まず注目しておきたいのは、「三日用意」という表現である。氏康はこのたびの一戦を、短期決戦であると認識しており、それが戦闘の準備は三日間戦う分で十分との表現となっているわけで、余計な物は持参せず、急速に戦備を整えて敵を叩こうとしていることがわかる。だから、さまざまな荷物を持つ陣夫は召し連れないわけである。

その荷物のうちでも、かなりの比重を占めるのは兵粮だったであろう。しかし、いくら短期決戦でも食べることは必要である。そこで、最低限の食糧は兵員各自の責任で持参することになる。それが「腰兵粮」であった。「腰」というところからは、各自が腰に結びつけて下げていることを連想させられるが、ここでは乗馬につけることが指示されている。兵員自身はできるだけ身軽にさせようということであろうか。

こうして軍勢を召集した氏康は、正月八日里見勢に攻撃をしかけ、激戦の末、勝利を収めた。これがいわゆる第二次国府台合戦《こうのだいかっせん》で、北条氏の房総方面進出に大きな期を画することとなった。

それはともかく、この兵員各自の「腰兵粮」準備や、準備ができない者には大名が貸すといった点は、「兵粮自弁」の証拠とされている。たしかにそのように見えるが、この第二次国府台合戦では、ともかく急速に戦備を整えることが優先されており、短期決戦が前提とされていた点に留意したい。

また、里見勢が渋滞する原因となった「兵粮」を売る商人のことも脳裏にとどめておこう。

作薙ぎのねらい

戦国時代の戦争のなかで、しばしば「作薙《さくなぎ》」あるいは「稲薙《いねなぎ》」「麦薙《むぎなぎ》」等ということばが見られる。これらは敵地において収穫前の作毛《さくもう》＝農作物、稲や麦などを刈り取ってしまう行動で、西国で豊富な実例を検討した山本浩樹氏によれば、稲・麦の奪取よりも敵を兵粮攻めにする意味があるという（山本一九九一・一九九四）。

たしかに、東国においても天正二年（一五七四）五月、北条方の武将北条氏繁《ほうじょううじしげ》が上杉謙信に味方する勢力を攻撃し、下総国関宿《せきやど》（千葉県野田市）近辺では「作毛」の「払捨《はらいすて》」を行い、さらに幸〔猿〕島郡で「作」の「振捨《ふりすて》」を行う予定を述べている（「並木淳氏所蔵文書」『戦北』一七〇二）。これはまさに刈り取って捨ててしまっているわけで、敵への打撃のみを意図していることが明らかである。

だが、次の事例はどうか。天正三年八月、北条氏第四代当主氏政は、味方の上総《かずさ》一宮《いちのみや》城（千葉県一宮町）城主正木氏が里見氏に攻撃され難儀していることを知り、その救援に動いた。そのなかで、敵地である土気《とけ》（千葉市緑区）・東金《とうがね》（千葉県東金市）の郷村を毎日攻撃して「兵粮」を刈り取り、一宮城へ籠《こ》め置くことを指示している（「清水宏之所蔵文書」『小』一二〇一）。

「兵粮」を刈り取るという表現がすでに目的を示しているといえないでもないが、まずは収穫前の作物（稲であろう）を刈り取ったわけで、ここまでは先に見た作薙ぎと同じである。しかし、次にはその刈り取った「兵粮」を救援対象である一宮城に籠め置くのであり、これは明らかに味方の兵粮へ転用するためである。

つまり、作薙ぎには、敵の兵粮になるべき作物を刈り取ってしまい兵粮攻めにすることだけを目標とする場合と、それに加えて刈り取った作物を味方の兵粮へ転用する場合とがあったことが考えられるのである。後者の場合は収穫直前でなければならず、タイミングに左右されるといえるが、うまくいけばまさに一石二鳥といえよう。

このような敵地での調達は、現物の略奪などもあるわけだが、これらもまた兵員が実力行使して獲得するものであって、「兵粮自弁」の証拠とされている。

だが、ここでは作薙ぎ自体がほかならぬ当主氏政から指示されていることに留意しておこう。

戦時の大量買付

ここまでの事例では、戦国大名は戦争が起きても、兵粮の準備は兵員に任せっぱなしのようにも見える。つまり「兵粮自弁」である。はたしてそうなのだろうか。

永原慶二氏は、次の事例に注目した。すなわち、北条氏が永禄四年三月に伊勢船の兵粮を買い付け（「大湊町振興会所蔵文書」『小』四七四）、永禄十年六月に品川で米を買い付けていることである（「中山栄之助所蔵潮田文書」『小』六八四）。永原氏は前者を長尾景虎（後の上杉謙信）の関東侵攻にともなう小田原籠城戦のためのもの、後者を上総出陣に備えて伊勢からの移入米を集中的に調達したものと推定している（永原一九九〇）。

たしかに永禄三年九月から長尾景虎は越後から関東に侵攻して南下、翌四年三月には小田原に達しようとしており、北条氏としてはそれを迎え撃つ籠城戦の準備が必要とされたであろう。しかも、永禄二・三年に関東は大飢饉にみまわれており、兵粮はおおいに不足していたと考えられるから、領国外からの大量買付は不可欠であった。永禄十年も七・八月に北条氏は上総に出撃し、里見氏と交戦しているので（「上総国古文書」『戦北』一〇三二）、そのための兵粮調達と見るのは妥当である。

伊勢船からの買付については、中世を通じて東国と伊勢とが太平洋海運によって結びついていたことが指摘されており、それが活用されたと見て間違いない。とくにその場合、東国での窓口となっていたのは、品川であった。そうすると、品川での米買付も永原氏が推定するように、伊勢移入米であった蓋然性は高い。

東の北条氏と比較される規模の大名である、西の毛利氏についてはどうか。大量買付を直接示す事例ではないが、菊池浩幸氏が指摘する次のことに注目したい。すなわち、毛利氏は戦争で大量の兵粮が必要となった時、とくに旧大内氏領国である周防・長門地域での段銭《たんせん》を財源としていたという。

たとえば、天正年間に毛利輝元《もうりてるもと》が「境目《さかいめ》」（軍事的境界領域、ここでは備中・備前方面か）へ送る兵粮の不足により、秋段銭の臨時徴収を山口奉行に命じている（「萩藩譜録」国司木工信処）。この段銭で兵粮を買い付け、送るわけであり、間接的に大量買付を示しているといえよう。

買付をするのは余裕があるからで、それが無理ならば放っておくのではないか、という見方もあろう。だが、どうやらそうではない。

家臣・商人からの借入

永禄四年三月、今川氏に支配されていた三河で「雑説《ぞうせつ》」が生じた。前年、「海道一の弓取り」と称された今川義元《いまがわよしもと》が、桶狭間の戦いでまさかの討ち死にをし、領国に混乱を生じていた時節である。「雑説」は、それを突いた反今川勢力の決起の動きであろう。今川氏の拠点である牛久保《うしくぼ》城（愛知県豊川市）に城米＝兵粮がないとのことで、これでは戦いに臨めない危険があったところだが、牧野八大夫・岩瀬雅楽助《いわせうたのすけ》の両人が五〇〇俵を用立てて、当面事なきを得た。喜んだ大名側は「忠節」とこれを称え、返済方法を示している（「菅沼文書」『戦国遺文今川氏編』一六八八号文書。以下、『戦今』一六八八のように略記）。

同年七月、岩瀬雅楽助はまた牛久保城で城米や塩硝鉛を用立てたことなどが賞され、さらに利息免除を申し出たらしく、大名から「忠節《ちゅうせつ》」といわれている（「国立公文書館所蔵牛窪記」『戦今』一七二六・一七二七）。ここでの城米が三月のものと同一かどうかはわからないが、城米を用立てることも「忠節」、利息免除を申し出ることも「忠節」というわけである。

永禄八年二月には、岩瀬ほか五名が三河吉田城（愛知県豊橋市）での兵粮三〇〇俵用立てを「忠節」と大名から賞され、やはり返済方法が示されている（「国立公文書館所蔵牛窪記」『戦今』二〇二七）。

岩瀬はどうやら今川氏の家臣でもあり、三河方面で商業・金融業なども手広く営んでいたようである。今川氏はこうした人びとに急場での兵粮調達を依頼していた。用立てたこと自体「忠節」だったが、それは原則としてれっきとした利息をともなう貸付だった。ただ、岩瀬としても思惑があり、利息については辞退することなどもあった。大名の窮状を慮ったのか、恩を売っておこうと思ったのかは定かでない。ともあれ、大名が債務を負うかたちで兵粮を借入していることは、たしかである。

毛利氏の場合を、やはり菊池浩幸氏の指摘に拠りながら見てみよう。林泉軒、福永豊後守・兵庫助父子、堀立直正、山本盛氏等の名があげられているが、彼らに共通するのは、家臣か商人か一方に断定しがたいという属性である。

林泉軒は備後の有力領主山内氏の猶子でありながら、小早川隆景《こばやかわたかかげ》に兵粮五〇〇俵を用立てている（「萩藩閥閲録《ばつえつ》」山口県文書館編修・発行『萩藩閥閲録』第三巻三七七ページ。以下、「萩藩閥閲録」については、右記刊本を『閥閲録』と略して示し、巻数―ページ数をあげる）。

福永父子は毛利氏の出張にあたり兵粮二〇〇俵などを用立てている（『閥閲録』四―四五一）。堀立は広島湾の有力商人であり、やはり毛利氏に兵粮を用立てている（「堀立家証文写」）。山本は父佐渡守の代から、毛利隆元室妙寿《みょうじゅ》との縁が深い、いわば御用商人《ごようしょうにん》であった（『閥閲録』四―四七三）。

こうした人びとは、商人としての活躍を見込まれて家臣に取り立てられたのか、家臣として戦功をあげたり、領主としての経営を拡大するなかで、商業活動でも台頭したのか、決しがたいところだが、おそらくいずれのケースもあったのではなかろうか。

積み重なる借入

戦国大名が急場をしのぐために家臣・商人から兵粮を借入し、家臣・商人はそれに応える。このやりとりだけを見ると、強固な結びつきのようにも見えるが、右に名を示した山本盛氏の生々しい証言を聞こう（『閥閲録』四―四七三）。

天正八年十一月、山本は大名に対して訴え出た。直接の問題は、山本が大名の依頼によって天正六年に用立てた兵糧米六〇〇俵の返済である。これは毛利氏が播磨上月城《こうづき》（兵庫県佐用町）に籠もる尼子勢を攻撃した際に必要とされたもので、兵糧米が「御繁多」＝たいへん多く必要だということで依頼された山本は、五斗入り俵六〇〇俵の兵糧米を用立て、矢田内蔵助に渡したのであった。

この米を返済してほしいと、山本は数十度にわたって毛利氏の奉行衆へ訴えたのだが、のらりくらりと引き延ばされ、二年以上にも及び、利息も加えて大名側が返済すべき分は二四五八俵に達した。

山本の訴状には、このほか父が毛利・大内の敵対の際に兵粮を用立てたこと、九州での毛利・大友の戦争に兵粮を用立てたこと、これら戦争以外の用途でも米を用立てたことが述べ立てられている。しかも、これらはいずれも返済されていないようである。

山本は、妙寿との関係で用立てた分については、今さら返してくれとは申しませんが、「先忠之姿」を申し上げたのですと述べ、このたびの上月の兵粮については、「他借」をもって用立てたのだから、返してもらえないと「乞食一篇之身躰」となってしまいます、「先忠」といい「当忠」といい、お褒めにあずかってしかるべきなのに、この有様では「忠儀」も「不忠」になりはてるのではと「天当《〔道〕》」をも恨み申すばかりです、と述べ立てている。

山本の必死の様子が目に見えるようだが、「先忠」については今さら返してくれとは申しませんとしながらも、否、だからこそ「当忠」については何としても返してほしいとしているのは、「他借」がひとつの鍵であろう。つまり、山本も大量の兵粮米用立てにあたり、すべてを自身で用意することができず、他から借りなければならなかったのである。当然、これもタダではなかろう。山本が「他借」の分を返済したか否かはわからないが、少なくとも彼の経営を圧迫することにはなったかと思われる。大名からの返済がなければ「乞食一篇之身躰」となってしまうという山本の言い分もあながち大げさではないといえよう。

だが、それはそれとして二年以上の年月が経ったとはいえ、六〇〇俵の借入が二四五八俵に膨れ上がったとは、ただ事でない。山本が述べているように、月三割の利息で二年半＝三〇ヵ月とすると、ほぼこれくらいになるが、年間で倍にはならないようにする、つまり年一〇割は超えないという中世の常道から大きく外れている。何かしらの誤りが含まれているかもしれないが、このとおりだとすれば、兵糧米の必要がそれほど差し迫ったものので、大名側が高利を認めざるをえなかったことが、まずは想定される。山本はそれにつけこんだことになるが、彼にしても「他借」先が高利を要求してきたためのやむをえぬ措置だったかもしれない。

先に見た岩瀬雅楽助の場合、利息の免除を申し出て今川氏から「忠節」とされていたが、大名からの依頼、あるいはもう少し強制的と考えて命令といっても、兵粮米の用立ては家臣・商人の側から見れば、営業の一環だった。しかし、大名の側からの返済もどうかすれば滞りがちであり、お互いの関係はかなりシビアだったわけである。

このようにすったもんだしながらも、戦国大名は兵粮を調達し、戦地へ送らなければならなかったのである。

ちなみに、山本の訴状は毛利氏当主の輝元に届き、輝元はそれを読んだうえで承知したと述べたようだが、無事に完済されたかどうかは不明である。

戦場への搬送

国人・国衆の流通統制

調達された兵粮は、どのように戦場へ搬送されたのであろうか。この問いを考える前提として、まず兵粮を含む物資の流通統制について見てみよう。

戦国大名の流通統制については、佐々木銀弥氏が網羅的に検出したように、「荷留《にど》め」、あるいは兵粮については「兵粮留《ひょうろうど》め」という政策がよく知られている（佐々木一九八七）。大名が主として敵方へ重要物資が持ち出されるのを防ぐため、それらの移動を禁止することである。

ところで、戦国大名の領国といっても、等しく大名が支配を及ぼしていたわけではない。国人《こくじん》・国衆《くにしゅう》などといわれる有力な領主が、大名に従属しながらかなりの程度独自に領域的支配を行っていることが一般的だった。むしろ、領国が広大になれば、そうした領主の存在を前提にすることも必要となる。

こうした国人・国衆もみずからの支配領域（東国では「領」といわれることが多い）では流通統制を行った。一例として、北条氏の麾下にあった武蔵松山城（埼玉県吉見町）城主上田氏の例を見よう。

松山城の城下には本郷《ほんごう》という町場があり、そこでは市が開かれていた。天正九年（一五八一）九月や同十年八月には、本郷の市ではなく他所で物資を売買することを禁じている（「武州文書」「松村文書」『戦北』二二七三・二三九四）。これは、本郷の市を繁栄させるための流通統制である。

兵粮に即した事例としては、天正十四年二月に、種々の品物を市の日に売却して他所へ持ち出されるのは問題ない、ただし兵粮と竹木《ちくぼく》はけっして持ち出されてはいけない、と規定していることが目を引く。兵粮はもちろんだが、竹木も戦争にあたっては軍事施設建築のため必要不可欠な重要物資であり、これら重要な軍需物資は、自領内にとどめておこうとする流通統制措置である。

こうした流通統制は、当然ながら留めるだけでなく、動かすこととしてもはたらく。右の例からは少しさかのぼるが、上田氏は元亀四年（天正元年、一五七三）四月、本郷町人岩崎与三郎の申請を受けて、「兵粮一駄」の往復を許可している（『新編武蔵国風土記稿比企郡十』『戦北』一六四八）。もちろん、このようにあらたまって許可するのだから、ふだん兵粮の移動は厳しく制限されていたということであり、天正十四年の指令と一致するのである。

大名の流通統制

では、国人・国衆らの流通統制と大名の流通統制はそれぞれ自由に発動されていたのだろうか。

天正十二年と見られる十一月、北条氏照《ほうじょううじてる》は北関東における佐竹氏らとの戦争状況のなか、従属下にある毛利安芸入道（北条《きたじょう》高広）に対して、次のような見解を示した（『楓軒文書纂六十六』『戦北』二七四二）。

西上州での「兵糧留」と分国中における「十疋之御過書」については、これを小田原へ申し上げられて「大途之御印判」が出されなくては、当方の文書ではまったく役に立ちません。

北条氏照は、北条氏第四代当主氏政の弟で、武蔵滝山城、のち八王子城（いずれも東京都八王子市）を本拠として多摩郡を中心とする広大な領域を支配した。一家衆といわれた

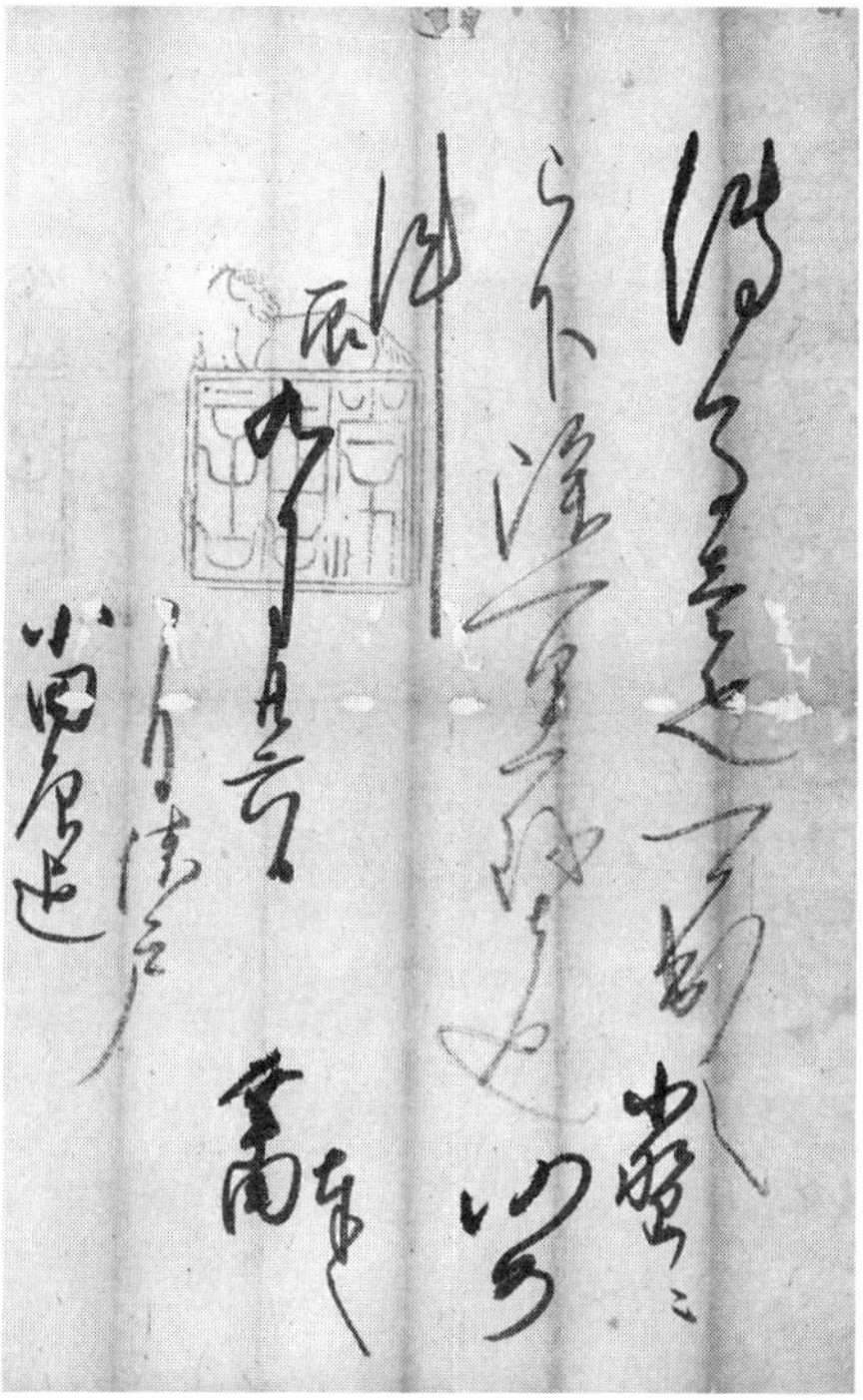

図6　北条氏の伝馬手形（国立国会図書館所蔵）

北条氏有力一族のなかでも屈指の実力者である。「兵糧留」は先に説明したとおりだが、「十疋之御過書」は何か。「過書」は関所などの通行許可証である。「十疋」は宿町を結んで物資を馬によって輸送・運送する手段である伝馬《てんま》が十疋分ということだろう。伝馬の通行許可証のことを伝馬手形という。つまり、「十疋之御過書」は十疋分の伝馬手形ということになる。北条氏では、印文が「常調」で馬の意匠を施した朱印が捺された伝馬手形が知られている（図6）。「大途之御印判」の「大途」は、北条氏の場合大名当主、大名宗家などを指して使われることが多い言葉である。「印判」は印判＝ハンコそのものではなく、印判が捺された文書＝印判状のことで、「大途之御印判」は北条氏当主・宗家の印判状となる。これは、通常は本書冒頭で説明した虎朱印状となるが、ここでは「十疋之御過書」＝「常調」朱印の伝馬手形も指している。

これらのことをふまえて、氏照の見解の内容をあらためて示すと、西上州での兵粮移動禁止と分国中の十疋分の伝馬通行許可については、北条氏当主への申請を経て虎朱印状や「常調」朱印の伝馬手形が出されなければ、氏照の文書では処置できない、ということになる。

北関東の戦争状況との関連でいえば、兵粮はもちろん、伝馬も兵粮を含む軍需物資の輸送にあたるもので、両者とも戦争関連の物資移動についての事柄ということになる。先にも述べたとおり、氏照は北条氏のなかで屈指の実力者だが、その氏照をしても戦争関連の物資移動には権限を持っていないわけである。他の一族や国人・国衆に関しては推して知るべしだろう。

平時は、国人・国衆たちがみずからの裁量で領内の流通統制を行っており、兵粮・竹木などが流出しないような策を講じているわけだが、ひとたび戦時となれば、国人・国衆たちのレヴェルでは事態を統御しきれず、一段階上の大名レヴェルでの対処が図られるのである。

国人・国衆たちは独自の領域支配を行っていても、こうした局面では大名に依存せざるをえず、大名が彼らに独自の領域支配を許容しながら大きな枠組みでの領国を保持していける理由の一端もまたここに見出せよう。

搬送許可

流通統制や兵粮留め、すなわち兵粮を動かさないようにする政策は、当然のことながら兵粮を動かす政策と表裏一体の関係にある。大名が中心となる広域の流通統制あってこそ、兵粮を意図する場所へ搬送することが意味を持つのである。

やはり天正十二年、先の氏照の見解からは少しさかのぼる六月だが、北関東の情勢が緊迫しているなかでのことである。北条氏は虎朱印状を上野小泉城（群馬県大泉町）城主である富岡秀高に対して発した（「静嘉堂本集古文書ワ」『小』一六〇三）。内容は、小泉へ運送する兵粮を武蔵の忍《おし》領から巨海（上野か）へ移すようにということで、この虎朱印状を提示して問題なく通行するように、ということである。

富岡氏の本拠である小泉へ兵粮を運送するわけだが、巨海ははっきりしないものの、忍領は、有力国衆である成田氏の支配領域である。このように、領国を広く運送・搬送する場合には国人・国衆の独断で行うことはできず、実際に大名が許可していることを知りえる。北条氏の許可は、その最高権威を示す虎朱印状で行われ、国人・国衆はその虎朱印状を提示しながら、他領を通行し、関所を通過したのだろう。

この兵粮が富岡の自用なのか、北条軍全体として用いられるものなのかは、やや判断が難しい。だが、大きく見れば北関東全体における北条対反北条の戦局で用いられるわけだから、ここでは区別に固執する必要はなかろう。

むしろ注目すべきは、戦時におけるモノの動きの統御を大名が行っていることである。ここでいう「モノ」は、ほぼ軍需物資である。上田の事例で見た竹木もそうであるし、さまざまな武器・武具およびその素材、火薬等々が考えられるが、なかでも兵粮は代表格といえる。

敵地へ売り出され、持ち出されては敵が有利になり、同時に味方は不利となる。敵地ではなくても、勝手にあちこちへ移動されては、軍事行動が大規模であればあるほど、支障が生じるのは明らかである。では、じっと動かさずにいればよいのか。それもまた困る。必要とされるところへは速やかに搬送しなければならない。兵粮を動かさない政策・動かす政策が表裏一体であると述べた所以《ゆえん》である。

こうした動かさない・動かすの的確な指示は、軍事行動全体を統括する存在がしなければ意味がない。混乱を招くだけである。大名当主ないし宗家こそが、それを行うことができたのである。

陸・海の搬送路

兵粮は、いかに必要とされるところへ運ばれるか。これはさしあたり難しい解答があるわけではない。陸路か、海路（河川・湖沼も便宜含む）かである。よく知られているように、大量の荷物を運ぶには船の方がよいわけだが、地形上、すべてそうするわけにもいかない。陸・海双方にわたる方策が必要である。

毛利氏については、菊池浩幸氏が詳しく陸・海の運送・搬送を論じている。それによれば、陸路と海路の場合があったが、海上輸送の事例が多いという。大量の兵粮を境目（軍事的境界領域）地域まで遠距離運送するときには、より容易な海路が選ばれたことを推定している。

陸路の事例をひとつあげておこう。元亀元年四月、毛利輝元は家臣の児玉就久と武安就安に対して、そちらの兵粮一五〇〇俵を銀山に移せ、と命じている（『閥閲録』三一―一九五）。銀山は、有名な石見《いわみ》銀山である。それについて、「町中伝馬」をかたく申しつけるようにとも述べている。伝馬は、北条氏の事例でも説明したように、宿町を結んで物資を馬によって輸送・運送する手段である。一五〇〇俵もの兵粮を運ぶのには、いったいどれだけの伝馬が必要だったことか。伝馬を用意して実際に継ぎ立て、運送していくのは、それぞれの宿町の町人であり、全体的にかなりの負担だったことが考えられる。ともかく、陸路の場合は伝馬のシステムが最大限活用されたと見てよいだろう。

また、甲斐を本拠とする武田氏の場合、「兵粮運送役」が見られる（「西光寺文書」『戦国遺文武田氏編』一五九八号文書等、以下、『戦武』一五九八のように略記）。兵粮を搬送・運送することが在地への賦課体制として成立していたわけである。具体的手段としては、やはり伝馬などが活用されたのだろう。

毛利氏は強力な水軍を有していたので、それも海路重視のひとつの理由となる。菊池氏は毛利氏の海路における兵粮搬送では、配下の水軍や有徳人《うとくにん》の船を使役・徴発・借用していたことを指摘している。

水軍の場合、その実力は兵粮を搬送するだけでなく、敵の搬送・搬入を妨害する場合にも発揮された。元亀二年七月、毛利輝元が家臣の内藤彦四郎らに伝えたところによると、阿波の三好氏が伊予能嶋《のしま》要害（愛媛県今治市）に、船を用いて兵粮を差し込めようとしたところ、毛利氏配下の沼田《ぬた》・来嶋《くるしま》・因嶋《いんのしま》の水軍が襲撃して、敵の主だった者数十人を討ち果たすなどの戦果を上げた（『閥閲録』四―一六二）。兵粮の搬送は、迅速に行えることと同時に、敵のそれをいかに妨害できるかも重要だったのである。これをめぐる問題は、次々項でも述べよう。

受け渡しの手続き

陸・海の兵粮搬送は前々項で見たように、大名の指示のもと統括されていたが、少し細かな手続きを見ておこう。先に見た北条氏による上総一宮城正木氏の救援に関わる事例である。

天正三年八月、北条氏は一宮城の正木藤太郎が里見氏の攻撃を受け、「逼迫《ひっぱく》」＝追いつめられ難儀しているとのことで「合力《ごうりき》」を決定し、四日間で兵粮一四〇俵を調えて一宮城へ遣わすことを、北条氏繁に指示した（「伊藤文書」『小』一一九九）。この一四〇俵はどこかにまとまっていたのだろうか。そうではなかったようである。同じ頃、北条氏は御馬《おうま》廻衆《まわりしゅう》の桑原五郎左衛門尉に「一宮へ之兵粮三俵」を持参するように命じており（「相州文書」『小』一二〇〇）、このことは各地から一宮城へ向けての兵粮を、まず本城である小田原にかき集め、一四〇俵に達したら搬送する手筈になっていたことを示していよう。

また、桑原に対して兵粮を担当者に渡したら請取状をもらうように指示があり、氏繁に対しても一宮城の検使から必ず請取状をもらうように指示されていた。チェック体制が各所で徹底しているわけで、兵粮の受け渡しが厳格な手続きにのっとっていたことがわかるのである。

搬入作戦と攻防

搬送されてきた兵粮は、当然ながら、必要としているところへ間違いなく搬入できてはじめて役に立つ。しかし、兵粮を急ぎ必要とするところとは、戦闘が継続している地であろうから、この搬入完了こそがもっとも問題だった。

永禄十一年（一五六八）末、北条氏の軍勢は駿河国に進出して、武田勢と対戦・にらみあいを続けていた。北条・武田・今川の三氏は長らく同盟を結んでいたが、同年十二月、武田氏が今川氏の本拠駿河に侵攻したため同盟が破れ、北条氏とも敵対したのである。

翌十二年正月末、北条氏は駿東郡《すんとうぐん》吉原《よしわら》（静岡県富士市）で大規模な兵粮搬入作戦を展開した。「吉原川内」へ兵粮を入れるので、その地の船をすべて川上に向かわせて、「吉原河東」にその兵粮を積み置くように、との指示が虎朱印状で発せられた。これに対して敵兵が一〇〇〇人ばかり行動を起こしている。兵粮搬入を察知してのことだろうが、一〇〇〇人という多勢で妨害にかかっていることだけ見ても、大規模な搬入作戦だったと考えられよう（「矢部文書」『小』七七三）。

また、先に作薙ぎに関して触れた、天正二年の北条対反北条勢力の北関東における戦いでも次のような事例が見られる。すなわち、同年四月、上杉謙信は東上州に在陣し、軍勢の一部が上野桐生《きりゆう》城（群馬県桐生市）に兵粮を入れようとしたところ、これを察知した北条方の北条氏繁が妨害する軍勢を投入し、そのため上杉方は兵粮を一粒も城内に搬入できずに退散した（「並木淳氏所蔵文書」『戦北』一七〇二）。察知できたのは遠目にもそれと見てとれたからではないだろうか。やはり、そうとう大規模な搬入作戦だったことが考えられるのである。

同じ頃、上杉謙信は苛立っていた。謙信は味方の武蔵羽生《はにゆう》城（埼玉県羽生市）の救援に向かいたかったのだが、利根川の水かさが増し、渡河することができず足止めを食っていた。そこで、兵粮を搬入して援助しようとしたのだが、これもうまくいかなかったのである。ただ、船三〇艘を用いて試みられたようで、これほどの船数自体、大規模な作戦といえる（「志賀槙太郎氏所蔵文書」『群馬県史』資料編七中世三　二七六五号文書）。また、敵の北条方に察知されたのもそれゆえであろう。なお、謙信はあらためての援助を羽生城の守将らに表明しているが、四月末には越後に引き上げたものと見られる。

戦国大名は、しばしば大規模な兵粮搬送・搬入作戦を展開し、その大規模さゆえにいざ

図7　武田信玄（高野山持明院所蔵）

搬入という時に敵から発見される危険性が大きかったのである。

兵粮は「お荷物」

そもそも、戦争において兵粮はたいへんな「お荷物」である。いつ終わるかわからない長期戦や巨大な軍隊であれば、とほうもない量を確保しなければならない。しかし、いうまでもなく、無いでは済まされない最重要物資だから、さまざまな問題や工夫が見られるのである。

永禄十一年末、武田氏と北条氏との同盟が破れたことは、前項で説明したとおりだが、翌年、武田信玄は北条領国に侵入し、九月末には小田原城に迫った。しかし、十月に入ると武田勢は甲斐に向けて撤退し、守勢にまわっていた北条氏は、一転武田勢を追撃し、相模三増峠《みませとうげ》（神奈川県愛川町）で戦闘となった。

戦争において撤退はたいへん難しいもので、だいたい追撃側が有利なものだが、この戦いでは武田勢が勝ち、甲斐への帰還を成功させた。北条勢の一角を占めていた北条氏照は次のように語る。

武田軍は地形の険しいところに分け入る余裕もなかったので、小荷駄《こにだ》以下を切り落として人員のみが夜陰に紛れて落ち延びていった（「上杉家文書」『戦北』一三二五）。

戦闘に勝利したのは武田方なので、氏照の証言にはおそらく誇張が含まれている。こういう場合、味方が優勢だったと吹聴するのは常である。だが、実際に迅速な撤退を必要とする場合、重くかさばる兵粮は「お荷物」以外の何ものでもなかっただろう。兵粮を中心とする小荷駄は、険しい道のりのなか、切り捨てる以外ないと判断されたとしても不思議ではないのである。

代価との交換

兵粮が「お荷物」であれば、次の措置もよく理解できる。天正十六年正月、北条氏忠《ほうじょううじただ》（第四代当主氏政の弟）は、家臣の高瀬紀伊守に対して永《えい》楽銭《らくせん》六〇〇文という額を示し、遠路であるので「其地」から兵粮を送ることはできないであろう、その代価の永楽銭を調えて篠窪遠江に渡せ、そうすれば「当地」で兵粮を準備して渡すであろうと述べている（「神奈川県立文化資料館所蔵山崎文書」『戦北』三二七四）。

「其地」「当地」は確定できないが、当時北条氏は秀吉の襲来に備えて領国の防衛体制を急速にととのえており、「其地」は氏忠の支配する下野佐野領、「当地」は小田原ということになるかもしれない。ともあれ、氏忠の認識としては遠く離れており、それゆえに兵粮を送ることはできないであろう、という。兵粮搬送・運送の困難＝「お荷物」であることが明らかに示されている。そのため、高瀬は兵粮の代価の銭を持って移動し、「当地」で兵粮にかえることを命じられた。銭を渡す篠窪遠江は氏忠家中で兵粮あるいは財政全般を担当する奉行であろうか。

ところで、この事例も銭とひきかえに兵粮を支給するとしていることから、「兵粮自弁」の証拠とされている。同じ時、氏忠は鍋山衆小曽戸摂津守に対して、「御留守」にあてるとしたうえで、「参陣衆」の兵粮支度のために出銭を申しつけている（「小曽戸文書」『戦北』三二七三）。つまり、小曽戸自身は参陣しないのに、「自弁」どころか参陣するものたちの兵粮のため銭を負担しなければならないのである。ここでは緊急の参陣ということで、かなりの混乱が生じている。「参陣衆」が一刻も早く（小田原に？）参陣することこそが必要であり、そのためのさまざまな臨時措置が行われた可能性がある。「参陣衆」が自弁するだけならば「御留守」の者たちに出銭を要求する必要はない。銭をかき集めてできるだけの兵粮を確保する必要があったのではないか。この点、注意しておきたい。

毛利氏の場合、しばしば兵粮の財源として銀を送ったことが菊池浩幸氏によって指摘されている。銀は「陸・海の搬送路」の項でも触れた石見銀山から産出されたもので、その意味ではこの銀山を手中にできた毛利氏特有のことだが、ここでは次の点を確認しておこう。すなわち、銀が財源であることはそのとおりでも、それを兵粮に換えて送るのではなく、銀のまま送っているということである。これは、少なからず兵粮が「お荷物」という点が影響しているといえる。この点、菊池氏も銀が米よりも運搬が容易だったことに言及している。

図8　毛利輝元（毛利博物館所蔵）

天正八年六月、織田氏との対立で緊迫するなか、毛利輝元が美作《みまさか》祝山城（岡山県津山市）を守備する湯原豊前守に、兵粮を銀子で送った。このことを湯原に知らせた書状で、輝元は「通路」がたやすくないことを述べている（『閥閲録』三―四六八）。戦時には、「境目」とよばれる最前線の軍事的境界領域では、安全な通行は確保できないわけで、「お荷物」であり目立ちもする兵粮を運ぼうとすればなおさらである。この銀では足りなかったのか、同年七月、毛利氏権力の重鎮吉川元春《きっかわもとはる》は湯原右京進に、祝山城に兵粮を差し籠める計画だが通路がたやすくないため、いまだ少しも籠められていないと述べている（『閥閲録』三―四三八）。兵粮搬送の困難さも裏づけられる。

他地域に比べ銀を入手しやすい毛利氏が、できうる限り、兵粮を搬送せず銀で済まそうとしたのは的確な判断だったといえよう。ただ、いうまでもなく銀が際限なく入手できたわけではないので、現物の兵粮を搬送せざるをえない事態もありえたのである。

商人の活動　もちろん、銀を送って済ますことができるのは、現地（多くの場合、戦地でもある）で兵粮を買い付けられること、兵粮を売ってくれる存在が前提である。すなわち、商人の活動である。

戦場で略奪されたヒトやモノを買いあさり、また敵味方かまわず兵粮などを売りつける商人の姿は、藤木久志氏が詳細に描いている（藤木一九九五）。菊池浩幸氏も、毛利氏と尼子氏、毛利氏と宇喜多氏との「境目」地域で兵粮の売買があったことを指摘し、藤木説を裏づけている。

先に「腰兵粮」について見た第二次国府台《こうのだい》合戦の事例では、里見勢が下総市川あたりで渋滞することになった理由として「ねたん（値段）問答」があったことを想起されたい。里見勢は兵粮を売る商人と価格交渉で揉めたために迅速な行動ができず、北条勢に攻撃を許すこととなった。戦場の商人の活動は、戦争の行方を左右するものだったのである。

そういうわけで、戦国大名としては、できるだけこうした商人をみずからの側に引きつけようとする。天正十年九月、東信濃で徳川勢とにらみ合いを続ける北条氏は、戦争で必要なものを得るために所々の商人を召し寄せたいとして、①「市庭《いちば》」での取引は当事者の自由に任せること、②「横合非分《よこあいひぶん》」をはたらく者は「検断衆《けんだんしゅう》」（警察・司法担当の役人か）が処断すること、③「路次中《ろじちゅう》」（「市庭」までの道行き）の関銭《せきせん》や諸役は免除すること、などの条件を示した（「記録御用所本古文書四」『小』一四六二）。①③は明らかに優遇措置、②も商売の安全を保障するもので、優遇に準じていよう。何とか商人たちをみずからの陣営に呼びこみたいという、戦国大名の願望があらわれている。

不安定な現地調達

しかし、大名は、戦場で稼ごうという商人たちを、完全に抱え込むことはできなかった。また、そもそも物資が不足していることもあった。したがって、銀や銭を送っても兵粮が入手できるか否かは不安定だった。

天文十六年（一五四七）八月、今川氏のブレーンである太原崇孚《たいげんすうふ》は、兵粮のことは肝要だが、彼地では商売がうまくいかないだろうから、こちらから届けると述べている（「東京大学総合図書館所蔵松平奥平家古文書写」『戦今』八三三八）。兵粮は送るべき現地での買付に支障が予想されるので、搬送するというわけである。

また、先に見た美作祝山城の事例でも、毛利輝元が銀を送っても兵粮が買えなかったので、現物を搬送することになったのかもしれない。天正九年七月、羽柴秀吉の攻撃を受けた因幡《いなば》鳥取城を援助するために銀が送られているが、かなり以前から因幡には兵粮がない状況であり、銀が送られても役に立たなかったと考えられる（「石見吉川家文書」『大日本古文書　吉川家文書　三』一二二ページ）。

兵粮は搬送がたいへんな「お荷物」であり、銀や銭を送って必要とする現地で兵粮を買い付けられればその方がよかったが、稼ぎ重視の商人の活動や飢饉が頻発する自然条件を考えるとリスクは大きく、この点からも、搬送はやはり必要とせざるをえなかったのである。

味方への「合力」

大規模な兵粮搬送でもっとも有名なもののひとつは、毛利氏から織田信長に攻撃された本願寺へ向けての援助であろう。天正四年、毛利氏は信長に追放された室町幕府一五代将軍足利義昭《あしかがよしあき》に促され、信長に対して籠城戦を続ける本願寺に兵粮等を送り届けるため、村上水軍以下を動かした。この時には毛利勢が織田勢を撃破して本願寺に兵粮を入れることに成功しており、毛利方ではこの際の史料を多く残している。

ところで、本願寺への毛利氏の援助は、本願寺側で「合力」と呼んでいることが知られる（『閥閲録』三―七三六）。この「合力」という表現は、要するに援助・協力ということだが、戦争で物資を送るような場合、大名が家臣に用いるというよりは、基本的に独立の勢力同士で用いられるものである。つまり、同盟関係にあるとか、味方であるとかである。この場合、対等な関係である必要はなく、たとえば大名から軍事的に従属させている領主たちに向けてのものでもよい。

毛利氏では、永禄十一年九月、九州における大友氏との戦争のなかで高橋・秋月氏に兵粮米の合力、また元亀～天正年間前半、織田氏との対立のなかで湯原右京進に兵粮の「御合力」を行っている（『閥閲録』三―一〇九、四六一）。高橋・秋月氏は九州の領主勢力で、毛利氏の影響下でその与党として行動していた。湯原氏はすでに祝山城守備に関して触れているが、毛利氏に軍事的に従属していた。

これもすでに触れた話だが、天正三年八月、北条氏は、里見氏に攻撃されている上総一宮城の正木藤太郎に「合力」して、兵粮を送ることを決定した（「伊藤文書」『小』一一九九）。

このようにしばしば見られる「合力」という表現、言葉は兵粮搬送の含むもうひとつの意味を、はしなくも示しているのではないか。すなわち、強固な主従関係にない、軍事的に従属しているだけの領主や、ましてや同盟・味方にすぎない領主などは、敵に攻撃されて苦境に陥った場合、どれだけ耐え忍んで奮闘するかは、不確定である。何か、彼らが頑張ることができる根拠を示してやる必要がある。そうしなければ、いつ降伏し、寝返ってしまうか、わかったものではない。

その根拠のひとつが兵粮だった。もちろん、兵粮は攻撃されている領主らの軍勢が実際に生命をつなぐために必要だが、それとともに兵粮を送ることにより、必ず救援するという姿勢を示し、味方につなぎ止めておくこともまた重要だったわけである。いわば物心両面の効果ということだが、視覚的なことでいえば、銀や銭よりも大量の兵粮の方が、送られた側にはよりインパクトがあったかもしれない。強固な関係にない人びとにこそ「合力」して、いわば誠意を示すことが必要だったのであり、兵粮搬送はその手段としても機能したのである。

搬送の条件

兵粮が、味方城郭などへの搬入にあたり、敵に妨害される困難に遭ったことは、先に見た。ただ、祝山城への搬送にあたり、通路がたやすくないといわれていることなどは、たんに敵の妨害にとどまらない問題があったことを思わせる。この点、菊池浩幸氏は、境目の地下人《じげにん》が兵粮搬送での使役に抵抗したことを想定し、境目地域の独特な在地状況が多大に影響したと見ている。これは重要な指摘であろう。

元亀元年七月、小早川隆景が湯原右京進に対して書き送ったところによると、尼子遺臣の山中鹿助が出雲熊野城（島根県松江市）に兵粮を搬入するために軍を進めてきたが、「約束之在所」が「相違」したために引き返さざるをえなかったという（『閥閲録』三一―四三二）。ここの解釈はいろいろあるところかもしれないが、当面、兵粮搬入に協力する約束をしていた在所（の人びと）が、約束を破ったと考えておきたい。とすれば、この場合は使役よりも緩やかな関係だっただろう。報酬を受けて契約するなどしていたのかもしれない。

天正十年十一月、龍造寺隆信《りゅうぞうじたかのぶ》の軍勢によって筑後鷹尾城《たかおじょう》（福岡県柳川市）を包囲された田尻鑑種《たじりあきたね》は、おりから肥後に出張していた島津義弘《しまづよしひろ》に救援を要請してきた。当時、龍造寺氏は勢力を拡大していたが、島津氏も当主義久《よしひさ》の下、北進を強めていた。義弘は義久の弟である。

義弘は、そちらの様子や通路等を見知っている者を二、三人ほど派遣した後に兵粮を籠めるか、軍勢を派遣するかしよう、と返答した（『上井覚兼日記』天正十年十一月二十五日条）。救援要請に対して、モノ＝兵粮か、ヒト＝軍勢かを送ることにしたわけだが、いずれにしても、現地の様子、また交通路に詳しい者を派遣して、まずは状況を把握しようとしているのである。

これをたんなる島津側の引き延ばしの方便と捉える見方もあろう。しかし、実際右に見たように、兵粮搬送・搬入が敵の妨害のみならず、戦地となっている境目の人びとの動向にも左右されて困難に直面することが多かったことからすれば、搬入先周辺の交通路の具合や地形・地勢など自然条件に加えて、そうした人為的条件をも詳しく知る必要があったと思われるのである。

さらに、先に想定したように、兵粮搬送の負担は大きかっただろうから、使役への抵抗を考えると、それはおそらく境目に限らなかっただろう。搬送ルートのどこでも起きる可能性があったのではないか。それゆえに、通路がたやすくなかったともいえよう。

こうしてみると、兵粮搬送・搬入をつつがなく成功させるためには、搬入先となる戦地周辺や、搬送ルート・通路について、どのような状況にあるのか、詳しい情報を得ておく必要があったと考えられる。戦国大名の戦争の、直接軍勢が衝突しないところでも、情報は重要な鍵となっていたのである。

戦場の食糧事情

「兵粮攻め」ということでいえば、先にも少し触れた、天正九年の羽柴秀吉による因幡鳥取城攻めは、もっとも有名なもののひとつであろう。おりから因幡など山陰地方で食糧事情がよくなかったところに、城を包囲され、鳥取城内では兵粮が枯渇して惨状を呈した。牛馬や人の屍肉まで食べることになったという（「石見吉川家文書」『大日本古文書　吉川家文書　三』九六ページ）。

この例に限らず、戦場が飢餓に覆われていたことは藤木久志氏が詳細に紹介しており（藤木一九九五）、屋上屋を架すことはやめておく。たしかに、戦場に食糧があり余っていることはなさそうだが、ここでは藤木氏も引いている『雑兵物語《ぞうひょうものがたり》』のなかで、少し気になる点を見ておく。

『雑兵物語』は一七世紀半ば頃の成立とされ、雑兵たち自身による語りのかたちで、陣中・日常の心得や具体的な出来事への対処法などを述べたものである。そのなかで陣中は飢饉だと述べられ、食べられるものは草木の実や、根・葉、松の皮まで拾い歩くようにと

図９　『雑兵物語』の挿絵
（東京国立博物館所蔵，Image: TNM Image Archives）

するのは、藤木氏の紹介するとおりである。

ただ、これらは総じて野戦のことだとして、籠城戦について述べられた箇所がある。そのなかで、米を一度に渡すと「上戸《じょうご》」は酒にして飲んでしまうから三、四日分を渡して、五日分以上は渡さないものだとされたり、あるいは、飯米などを一〇日分一度に渡すと「上戸」は八、九日分を酒にして飲んでしまう。そうすれば飢え死にだ。三、四日分ならば酒にして飲んでも二、三日は断食でももつだろうなどとされている。

たしかに野戦であれば、食べられそうな物を拾い歩くことも可能だが、籠城戦になれば自分で用意した分があったとしても、それが尽きれば飯米＝兵粮を支給してもらうよりない。それも、あまり多く支給されると「上戸」（酒好き）は酒にして飲んでしまうから、支給にも気を配らなければならない。戦場の食糧事情を考える場合、野戦か籠城戦かでは様相が異なってくるわけで、後者の場合、より管理されたあり方が要求されたことになろう。

それにしても、いくら酒好きだといっても、飯米を酒にしてしまうことはあるのだろうか。多少気持ちはわからないでもないが、『雑兵物語』にあるように、飢え死につながる状況下では、やはり尋常でないといわざるをえない。厳冬であれば寒さしのぎということも考えられる。また、酒でも飲まなければやりきれない、追いつめられた心理状態などがあったかもしれない。が、やはり、である。戦場の食糧事情は、さまざまな角度から掘り下げられる必要があるのではないか。

調達・搬送の戦略

以上、戦国大名による兵粮の調達・搬送、また関連して戦場の有様などを見てきた。「兵粮自弁」という説はあるが、少なくともそれのみでは語りきれないところが明らかであろう。

あらためて整理してみると、ある所で兵粮が必要になった場合、その調達のあり方は、①軍勢による必要な分の持参②領国内から現地への搬送③現地での調達（a略奪・徴発、

b買付）④現地でのストック分等が考えられる。

①で兵員各自が準備すれば、いわゆる「兵粮自弁」ということになる。②は、大名が大量に買い付けたり、家臣・商人から借用するなどして大量に搬送する場合、現物にかえて銀や銭を送る場合がある。銀や銭を送る場合は、続いて③―bになるだろう。また、大名が買い付けたり借用したものが①になる場合もあるだろう。③―aはほとんど敵地の場合に限られる。③―bは敵地でも味方地でもありえる。

さらに、これを戦争の様態とあわせて考えてみるが、前提となるのは、兵粮は「お荷物」ということである。軍隊が攻撃のために遠征する場合、超短期決戦であれば①が採られる。第二次国府台合戦の「腰兵粮」が想起されよう。「お荷物」を運ぶ陣夫は一人も召し連れないわけである。ついで③、②の順となろう。③も現地調達だから「お荷物」を運ぶ必要はない。しかし、戦いが長引けば、現地での調達は不安定だから、それに頼っているわけにはいかなくなる。そこで、②が必須となるが、③―bが覚束なくなっている場合には、銀や銭でなく、食糧現物を大量に搬送しなければならない。このように、大規模な搬送は、よほど後の方の局面で現れることが多くなろう。

軍隊がはじめから守勢の場合はどうか。すなわち、籠城戦である。これも、いきなり②

になることは、あまりない。当然かもしれないが、まずは④からということになろう。戦いが長引くにつれ兵粮不足が課題となり、戦闘の隙を見て③―bが採られ、さらに②が採られるのである。この場合も③―bに頼れなければ、銀や銭でなく食糧現物の大量搬送になる。

つまり、いずれにしても、大規模な搬送が見られるのは、戦闘状況が固定化・膠着化して、長期戦の様相を呈してから、というのが基本である。兵粮は「お荷物」という前提からすれば、戦争の初期段階に大規模な搬送は見られないということになる。

このように、兵粮の調達・搬送はきわめて多様なやり方で行われ、しかもそれらは複雑に組み合わされたりしていたわけであり、少なくとも「兵粮自弁」だけではなかったといえる。それどころか、こうした多様・複雑な調達・搬送を、戦国大名は、たしかな戦略をもって行わなければならなかったと思われる。この点は、後にあらためて考えよう。

備蓄と流出

蔵の設置と備蓄

戦国時代といえば、臨戦態勢、もしくはそれが固定化されて臨戦体制となっている地域さえ、少なからずあった時代である。今日戦争がないといっても、明日もそうとは限らない。であるならば、兵粮は戦時に備えてできるだけ大量にストックされているに越したことはない。理屈はそうなのだが、実際、平時の兵粮はどのような状態にあるのだろうか。

戦国大名の収入の基本は、年貢・公事である。北条氏の場合、年貢を精銭《せいせん》（質の良い銭）で納めさせることを目指したこともあったが挫折し、年貢は米を中心とする現物、公事は現物および段銭・棟別銭《むなべつせん》・懸銭《かけせん》などの銭貨である。もっとも、段銭・棟別銭といいながらも、現物で納められていることもあり、総じて銭の収取には困難がともなったようである。

収取された年貢・公事は大名の蔵に貯蔵される。この蔵は、大名領国の本城と支城およびそれらの城下に設置されたことが、藤木久志氏や阿部浩一氏によって明らかにされている（藤木一九六五、阿部一九九四）。

また、当然のことではあるが、物資を貯蔵する蔵は大名だけが設置していたわけではない。天正二年（一五七四）三月、北条氏邦《ほうじょううじくに》は家臣の逸見与一郎に対して次のように命じた。

あらゆる手をつくして兵粮を準備し、万一の際の籠城が続くように心得ておけ。その時になって市場で買ったり、そのほかの手立てをするのは厳しく禁じるところである。かねてから兵粮を準備し、寄親《よりおや》の蔵へ入れて預けておくこと（「逸見文書」『戦北』一六九六）。

北条氏邦は、北条氏第四代当主氏政の弟で武蔵鉢形城《はちがた》（埼玉県寄居町）の城主を勤め、一家衆といわれた有力一族のなかでは、先に登場した氏照に次ぐ実力者である。したがって、この命令は大名のそれに準じたものと見てよかろう。前半の部分も興味深いところだ

図10　鉢形城遠景（鉢形城歴史館提供）

が、ここでは後半の「寄親の蔵」に注目しておこう。「寄親」とは、一般的には大名の有力家臣で、下級の家臣たちを「寄子《よりこ》」として託され、軍事的に統率したり、訴訟を取り次いだりしたものである。つまり、「寄子」は兵粮を準備して「寄親」の蔵に預けておくようにということである。「寄親」の蔵は、兵粮備蓄の役割を大名から公認されていたわけで、他の物資についてはわからないが、少なくとも兵粮には、大名だけではない備蓄の体制があったといえよう。

蔵の中

本城・支城は交通の要衝、また流通の拠点に立地しており、そのことからは大名の蔵に貯蔵された物資のうち余剰の物は売却され、必要な物資の買得にまわされていたことがただちに予想される。また、後に詳しく述べるが、蔵の物資はさまざまに運用されている。これも余剰の物が活用されているのだろうか。大名の蔵はさまざまな物資や銭があふれているのか。少しその中をのぞいてみよう。

天正年間（一五七三〜九二）の後半、北条氏の支配下にあった上野国の権現山《ごんげんやま》という城に備蓄されていた物資のリストが残されている。こういう史料はなかなかないので興味深いが、鉄炮・弾薬・鑓《やり》・弓矢の類とともに、「拾俵　兵粮」と見える。このことについては以前言及し、権現山城の兵粮事情はたいへん心許ないものだったのでは、と述べた（久保二〇一五)。ストレートに城全体の備蓄兵粮が一〇俵とはいえない可能性もあり、そのあたりの詳細は省略するが、もしそういえるとすれば、籠城戦をたたかうには少なすぎるだろう。

天正十四年十一月、北条氏は宇津木という領主に、鉄炮衆《てつぽうしゅう》一〇人に対する給分一〇〇貫文の支給方法を指示した(「大阪城天守閣所蔵宇津木文書」『小』一七八二)。宇津木はおそらく鉄炮衆一〇人の寄親なのだろう。その内訳で注目したいのは、まず全体の半分を大きく上回る六一貫四〇〇文が現物支給であること、さらにその三分の二である四一貫四〇〇文は、「厩橋城米《まやばしじょうまい》」のうちから出されていることである。「厩橋城米」だけで、給分全体の四割以上ということになる。「厩橋城米」は、いうまでもなく上野厩橋城(群馬県前橋市)の蔵に備蓄されていた米で、兵粮と見てよいだろう。それが銭の単位である貫文に換算されて鉄炮衆に割き与えられているのである。なお、現物が貫文に換算されていること自体は、多くの大名でさまざまな物の価値基準として貫文が用いられているわけで(=貫《かん》高《だか》制)、問題ない。

兵粮が用いられているといっても、余剰分、あるいは当初から転用が見込まれていた分の可能性はないのか、との意見もあろう。そこで、さらに翌々天正十六年十二月に北条氏が宇津木に発した指示を見よう（「大阪城天守閣所蔵宇津木文書」『小』一九二五）。これも鉄炮衆一〇人に対する給分一〇〇貫文の支給方法である。現物支給分としては六〇貫二二四文が三〇貫一一二文ずつに折半され、「厩橋御城米」と「厩橋麦」によって支給することとされている。「城米」「御城米」と同様に、いうまでもないが、「厩橋麦」は厩橋城の蔵に備蓄されていた麦であろう。現物支給分の総量は、二年前には六一貫四〇〇文だから、ほぼ等しい。大きく異なるのは、城米からの拠出が一〇貫文減少し、麦が大幅に取り入れられたところである。このことは、城米がありあまっているのではないことを示すといってよい。さらに、この「厩橋御城米」と「厩橋麦」は即時の支給が述べられているが、このほかになお二〇貫四四六文がそのうちに給付するとされ、この時点で何を給付に充てるか見込みが立っていない。米も麦も充てる余裕がないのである。

こうしてみると、大名の蔵には物資が十分にあったというよりは不足がちだったのではないかという疑いがわいてくる。先に見た寄親の蔵に兵粮を預けよ、という事例にしても、考えてみれば、そうしていない寄子が多いから、あらたまって厳命がされたわけで、寄親の蔵にも寄子の兵粮が潤沢に預けられていたとは、とてもいえないだろう。

一応、日常の必需品購入のためということを除き、蔵から物資・銭貨が流出していく原因を、戦国時代に即してもう少し考えてみよう。

給与としての流出

まず、鉄炮衆一〇人の例もそうだが、家臣などへの扶持給《ふちきゅう》・褒賞である。天正十四〜十六年は、北条氏に対して、豊臣秀吉が圧力を強めている時期であり、してみれば、鉄炮衆の新たな組織、給分の付与が行われたことも十分考えられる。

軍事力強化と見られるものでは、天正十年、真田昌幸が「牢人衆《ろうにんしゅう》」の「御扶持」に「御城米」を用いるように命じている例などもある（「真田宝物館所蔵矢沢家文書」『戦武』三六七五）。詳細は不明だが、「御城米」はやはり城の蔵に備蓄されている兵粮と見てよかろう。また、「牢人衆」はその呼称から、主人なしでいた者たちではないか。そうすると、新たに抱え込んだ軍事力を養うために、蔵の兵粮を回す必要が生じたといえる。

軍事ということでは、もっと直接に、戦争における戦功褒賞ということがあろう。これは、知行の加増として、敵方から奪取した土地を与えるのがもっとも「元手」がかからないだろうが、戦国時代も半ばを過ぎれば、強力な戦国大名が生き残る情勢となる。すると、彼らのたたかいは容易に決着がつかなくなり、侵略地も獲得できないことが多くなる。それでも戦功には報いる必要があるから、何かしら捻出しなければならず、蔵から銭や兵粮が出されることになるのである。

軍事力強化にせよ、戦功褒賞にせよ、大名が直轄領を割き与える手段もあった。また、領国内検地で隠田《おんでん》を摘発するなどのこともしていただろう。だが、土地の給与は限界に達することも早かったと思われる。とくに、直轄領をあまりに分与してしまうのは、ただちに大名権力の弱体化につながるから、大名としては避ける必要があった。

実際に土地が不足していたことは、次のような事例が裏づける。永禄十三年（元亀元年、一五七〇）六月、北条氏は内山弥右衛門尉という人物（岩付太田氏の家臣、永禄十年当主太田氏資の戦死後、岩付領は北条氏に接収されていた）に対して所領の替地《かえち》を命じたが、新たな所領では以前に比べて不足分があった。そこで、翌年には土地を与える約束で、当年は不足分を「御蔵出《おくらだし》」による扶持給で与えることとした。ところが、これから天正六年までの九年間、さらには天正八・十一・十二年、内山に扶持給の受けとりを指定した史料が残っている（「内山文書」『小』九七三・一〇八五・一一一五・一一三四・一一六八・一二〇三・一二三六・一二六九・一二九七・一三六四　『戦北』二六〇五・二七四七）。このうち、元亀三～天正五年、天正八年には蔵奉行からの受けとりを指定しており、「御蔵出」とは、文字通り大名の蔵の銭が持ち出されたものであることがわかる。結局、約束は果たされず、土地は与えられなかったわけで、なかなか適当な土地を見出せなかったと考えられるのである。

また、困窮する家臣を救済するためということもあった。天文十二年（一五四三）十二月、今川義元は、困窮する家臣に対して、「蔵入《くらいり》」のうちから毎年五〇貫文を扶助すると約束した（「静嘉堂文庫所蔵三浦文書」『戦今』一〇五六）。「蔵入」は直轄領だから、直轄領の収入より五〇貫文を割き与えるということである。直轄領からの収入は、本来大名の蔵に収められるべきものなので、この場合、蔵からの流出に準じて考えられる。

甲斐の武田氏では、天文二十年八月に、家臣に対して替地を与え、それでもなお経済的に困るようならば、「蔵銭《くらせん》」で援助すると述べている（「内閣文庫所蔵書上古文書六」『戦武』三三二）。ここでの「蔵銭」は、蔵に貯蔵されている銭ということだが、後に見る利殖目的のものとは異なり、援助のためのものなのだろう。家臣の困窮の多くは戦争と関わると考えられるが、これについては、後に詳しく述べることとし、ここではさしあたり困窮を原因とする蔵からの流出があったことを指摘するにとどめる。

多様な流出の原因

このほか、戦争は蔵からの流出を促すさまざまな原因をもたらす。

軍需物資は領国で役として徴収されるものでは間に合わないから、

蔵の物資・銭などを用いて入手しなければならないが、その度合いは増加の一途だったであろう。いざ戦時となれば、いわずもがなである。上総東金《とうがね》城主で北条氏に従属していた酒井政辰という人物がいる。おそらく小田原合戦の時と思われるが、配下の兵士たちのために木綿が必要となった。木綿は武具の素材である。そこで酒井は地元から兵粮を廻送させて、木綿を購入することにした（「鵜沢文書」『戦北』四一三一・四一三六）。兵粮を売った銭で買うのか、兵粮そのものでなのか、いずれにせよ備蓄されていた兵粮は、これから必要となるであろうその時に、軍需物資購入のために持ち出され、売られたのである。

また、戦争は他国を攻めるにしても、動員される家臣・百姓等の負担は大きいし、攻撃された場合は領国内が大きな被害を受ける（作薙ぎのことを想起されたい）。これらに対し、大名はしばしば年貢・公事（役）を減免しなければならない。減免措置自体で物資が流出するわけではないが、それによって大名の側に生じる不足は放置できず、補塡されなければならない。それは、結局蔵の物資に依存されることになる。さらに、作付けが困難になるほど窮迫した村に対しては、種貸《たねかし》しをする必要も生じよう。これも蔵に備蓄されている兵粮から行われる。

年貢・公事（役）の減免、種貸しは、しばしば起きる飢饉からも必要となるが、戦国時代に即して考えてみた。飢饉自体が戦争による荒廃からもたらされ、いわば戦争飢饉の様相を呈することもある。

なお、備蓄してある兵粮は、何もなくても時間の経過や気候の状態によって劣化するおそれがあるから、入れ替えをつねに念頭に置いておく必要があっただろう。

以上、蔵から物資・銭が流出する原因には事欠かない。兵粮も戦時に備えて積んでおくだけでは、いつのまにか枯渇してしまう危険があったのである。

御蔵銭・公方銭

蔵の物資・銭がそのままでは流出する一方で枯渇してしまうというならば、どうするか。戦争によって略奪したり、年貢・公事を増徴したりして補塡するのに限界があるのは、ここまで見てきたところから明らかだろう。蔵の外から補塡するのが無理ならば、蔵の内から何とかするしかない。つまり、蔵の物資・銭自体の増殖を図るのである。

具体的には、物資・銭の運用＝貸付を行って、その利息による収益を得るわけである（則竹一九八九、阿部一九九四）。これが、銭の場合「御蔵銭」「公方銭《くぼうせん》」などと呼ばれ、兵粮の場合は兵粮貸しということになるが、これらは厳密に区別されていたものではないと思われる。

便宜上、御蔵銭・公方銭から見ておこう。たとえば、天正十三年三月、北条氏邦は御蔵銭五貫文を飯塚六左衛門らに預け置き、郷中へ貸すことを命じた。もちろんタダではない。利銭で漆を調達して納めることも指示している（「飯塚文書」『戦北』二七八八）。氏邦は、天正十五年六月、山口上総守に対して、預けてある蔵銭を本利（元本・利息）ともに蔵納するように命じている（「山口福一郎氏所蔵文書」『戦北』三一一六）。蔵から出た銭が増殖して蔵に帰るのである。

氏邦は、天正二年八月、「ゑびす（恵比寿）銭」を郷村の人びとに貸し付けている。これは「公方銭」だとも述べているが、利率が示されているのであげておくと、「一ヶ月ニ五文子」すなわち月五％で、これを一〇ヵ月かけて皆済せよというのである（「諸州古文書」『戦北』一七二二）。ずいぶん高利に見えるかもしれないが、中世としてはごく普通といえる。

利率はともかく、御蔵銭・公方銭が重要であることは、しばしば言及されている。たとえば、右に見た北条氏邦の「ゑびす銭」の例では、「公方銭」だとも述べているとしたが、それは「公方銭」だからどんな事情があってもつぶれてはならない、との文脈だった。また、天正十六年十二月、北条氏政の弟氏忠は、借米を背負ったまま死去した大橋という人物に関して、その借米は「公方銭」であることが借状に明らかなのでこちらから支払う、としている（「武州文書」『戦北』三三九九）。借米なのに公方銭としていることにも若干注意しておいてほしいが、ともあれ当人の死去にともない宙に浮いた借米を、「公方銭」だから肩代わりするというのである。

御蔵銭では、天正十四年十二月、北条氏照が「御蔵銭借米」のことは、「御国法《ごこくほう》」のごとく計算にしたがって支払うように、と述べている（「武州文書」『戦北』三〇三八）。「御国法」は、実際にそうした成文法があったかどうかはわからないが、ともかく北条氏にとって重要な事柄だから持ち出された言葉であり、御蔵銭の返済を重視する姿勢が明らかである。

大名の蔵から運用される御蔵銭・公方銭は利息をともない、確実に返済されなければならない重要なものであった。なお、先に武田氏が困窮する家臣を援助するのに「蔵銭」を用いるとしていた事例だが、蔵の銭を用いてはいるが、そこでも触れたように、利殖目的の御蔵銭とは区別しておいた方がいいだろう。

兵粮貸し

ついで、兵粮が貸し付けられる場合である。大名が行っている例として、永禄十三年三月、房総の里《さと》見《み》義尭《よしたか》が上総国横田郷（千葉県袖ケ浦市）代官九郎丞に兵粮五〇俵を預け、よくよく奔走して貸し付けるように命じている（「葛田昌也家文書」『千葉県の歴史資料編中世三（県内文書二）』七七六ページ）。

また、甲斐の武田氏は、天正六年二月、吉江丹波守に対して「籾子」を預け、どこでそれを増やして利益を得ても、あらたな「御徳役」は免除すると述べている（「早稲田大学図書館所蔵筑摩安曇古文書」『戦武』二九三三）。「籾子」も兵粮と見て問題ないだろう。

これらでは、大名が直接貸付を行っているのではなく、九郎丞や吉江に預けている。実際に貸付をして利殖に励むのは彼らということになる。彼らが一定の得分を取ったうえで、大名が回収するわけである。この点、右に見た御蔵銭・公方銭も、飯塚六左衛門・山口上総守といった人びとに預けられており、大名が蔵から貸付を行う場合、預けて運用させることが一般的だったと考えられる。預けられる人びとについては、後にあらためて考えよう。

北条氏の場合、大名の兵粮貸しは確認できないが、たとえば、天正十二年十月、北条氏は次のような裁許を行っている（「高城文書」『小』一六二六）。

簗田領（下総水海城《みずうみじょう》〈茨城県古河市〉城主簗田氏の支配領域）へあなた（下総小金城〈千葉県松戸市・柏市〉城主高城胤則）が貸し付けた兵粮が、徳政《とくせい》の適用を受けたとの主張によって返済を難渋されているのだろうか。どうして簗田領ばかりに徳政が行われることがあろうか。借用書を先に立てて返済されるのが当然である。少しでも非分の行いがあってはならない。

北条氏の麾下にある領主同士での兵粮貸しで、返済をめぐってトラブルが起きたわけである。こうしたトラブルや、問題の焦点になっている徳政については、後に述べるが、ここではこうした大名に準じる格にある領主が兵粮貸しを行っていることに注目しておこう。

このほか、代官クラスの人物が兵粮貸しを行ってトラブルに巻き込まれている事例もあり（「鈴木文書」『戦北』二九〇〇、「国文学研究資料館所蔵大川文書」『小』一七七四）、北条領国ではさまざまなレヴェルでの兵粮貸しを確認できる。これらは大名の蔵からは少し離れてしまうかもしれないが、兵粮貸しの広がりを知ることができ、重要である。

そもそも、先に注意しておいたように、借米が公方銭とされていることや、「御国法」のところでは「御蔵銭借米」とされていることなどから考えると、御蔵銭・公方銭も元をただせば兵粮であることも多かったのだろうか。貸借問題に関して「借銭借米」との並記が目立つのは、銭と米が貸借で実際に多く用いられていたことを示すが、少し見方を変えると、米が貨幣の役割を相当程度果たしていたともいえる。それゆえに御蔵銭・公方銭と兵粮との混用・混同がされていたことを想定しておきたい。

さて、すでにお気づきのことと思うが、戦国大名の蔵から物資が流出する多くは、「カネとして」である。したがって、この場合の兵粮は「カネとしての兵粮」である。流出による枯渇を防ぐために運用される兵粮もそうである。また、兵粮が運用されている場合、流出とはいえないものの、それは蔵にはない。

つまり、平時の兵粮は蔵に十分備蓄されていたとはいいがたく、多くがカネとして流出し、運用されていたと考えられる。先に見た上野権現山城の兵粮事情は、例外ではないのである。

戦国社会の経済状況

困窮と活況

武士の困窮

戦国時代の兵粮を追跡していった結果、戦争の中でモノとしてさまざまな場面で現れるとともに、カネとの関わりが見えてきたが、それでは兵粮を取り巻く戦国社会の経済状況は、どのようなものだったのか。兵粮そのものの話からは少し離れるが、この点を探っていこう。

戦国時代（さらには中世）が戦争と飢饉に代表される危機に覆われた時代であることは、しばしば指摘されている。多くの民衆にとって生き残ること自体、たいへんな時代であるとされ、その実態が示されてきている（藤木二〇〇一、峰岸二〇〇一）。

では、民衆以外では（どこまでが民衆かというのも難しいが）どうだったのか。戦国大名に付き従って、各地で活躍していたであろう武士たちの様子を見てみよう。

大永五年（一五二五）八月頃のことである。有名な連歌師宗祇《そうぎ》の弟子、宗長《そうちょう》は悲惨な出来事を耳にした。尾張の長田《おさだ》四郎《しろう》太郎《たろう》親重《ちかしげ》という武士は長年の闘病などがもとで、出仕もできないでいたところ、困窮がひどくなり、刀も売り払い、妻子も縁者のもとへ預けて別居する始末だった。このような有様だから借銭の返済もできず、催促の譴責使《けんせきし》がしきりに押しかけてきていた。そしてついに思いあまった長田は、自在鉤《じざいかぎ》の縄を使って首をくくり、自殺してしまったという（『宗長日記』、ここでは岩波文庫版を参照）。出仕できなかったことが大きかったようだが、それにしても武士が自殺するほど困窮し、借銭に追い込まれるものなのか。

「今川仮名目録《いまがわかなもくろく》」は、分国法といわれる、戦国大名が制定・編纂した法典のなかでも、早い時期に

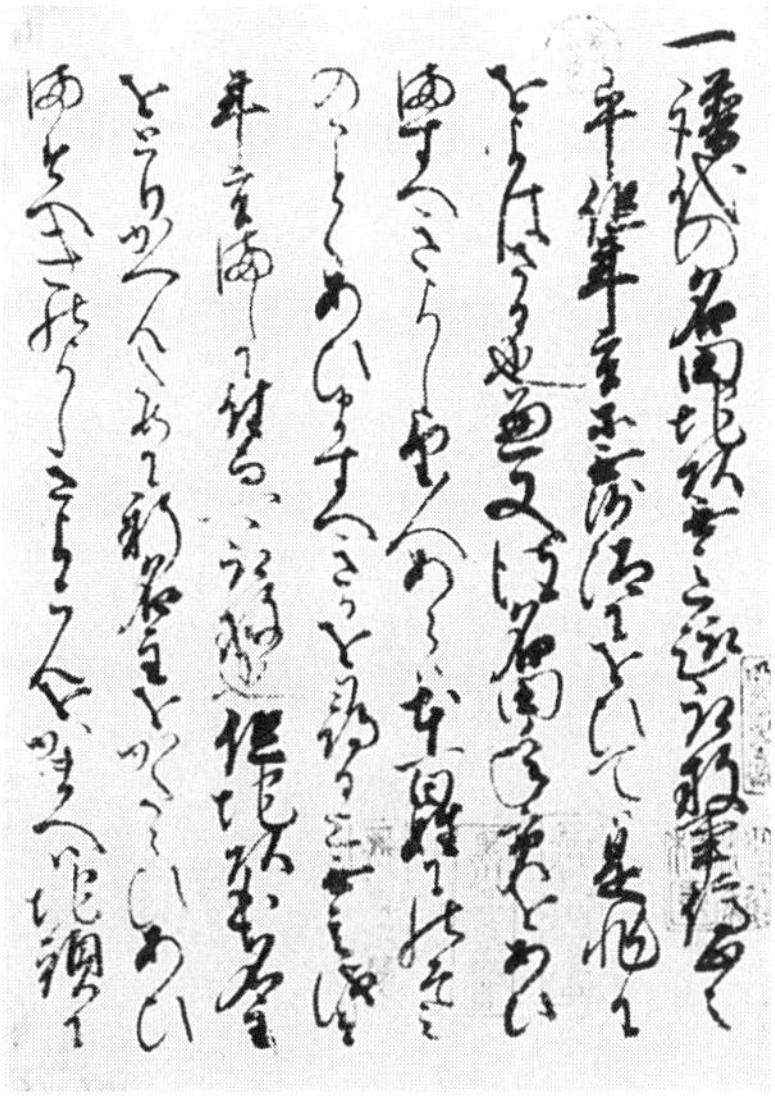

図11　「今川仮名目録」
（明治大学博物館所蔵）

成立したものである。大永六年、今川氏親《いまがわうじちか》（義元《よしもと》の父）の制定である。この第二〇条によれば（ここでは『中世法制史料集』第三巻を参照）、借銭のかたに知行を質に入れ、進退きわまったために、遁世すると言ったり、逃亡するしかないとのことで嘆願してくる者たちがあり、明応年間（一四九二～一五〇一）、庵原《いはら》周防守の場合には代々の忠功を考慮して嘆願を聞いてやって、直轄領焼津郷（静岡県焼津市）を銭主《せんしゅ》（貸主《かしぬし》）に遣わした。大永五年には房州（人物名）がしきりに嘆願してきたので、言い分にしたがって指示をしたという。それぞれは個別の案件だが、似たようなことは頻発していたと見られ、これではかなわないと考えた大名は、これ以後このような嘆願をしてくる者は所領・財産を没収すると威嚇している。分国法でこのように制定しなければならなかったということは、いかに債務で困窮した家臣たちが多かったかを示している。

北条氏では、先に「公方銭《くぼうせん》」のことで触れた天正十六年（一五八八）十二月の事例をあげておこう。ここで借米を背負ったまま死去した大橋は、「旧借際限なくこれあり」といわれるほどで、実子もなかったため、家の存続は無理と判断され、名跡をつぶされてしまった。大橋は複数の金融業者から借米していたと見られ、具体的な数値は鈴木但馬からのものしかわからないが、四三俵一斗三升二合に達する。一人分でこれだけの量に達しているのだから、「旧借際限なくこれあり」というのも、あながち誇張ではなかろう。

また、天正十七年四月、北条氏政《ほうじょううじまさ》が裁許した案件では、根岸という人物が借銭の担保として、具足・馬を質物に入れたことが知られる（「京都大学文学部博物館所蔵青木氏蒐集文書」『小』一九三九）。いずれも軍役を勤めるためには不可欠のものであるはずだが、それを質入れしなければならないとは、よほど困窮していたのではないか。ちなみに、根岸は元金を払えば返してもらえる契約（中世では本銭返《ほんせんがえ》しという）だと訴えたのだが、氏政の裁許は、証文がないので質流れにせよ、ということであった。

戦争で活躍していたはずの武士たちが、どうしてこれほど困窮する羽目に陥っていたのだろうか。そこには、戦国社会の根深い問題が潜んでいると思われる。

軍役負担の様相

永禄四年（一五六一）閏三月、今川氏真《いまがわうじざね》は、家臣井出千熊の申し出を承認した。それは、千熊の父である善三郎が、借銭借米を過分に引き負って「進退困窮《しんたいこんきゅう》」したために、千熊を井出惣左衛門尉の娘伊勢千代と婚姻させ、知行を譲渡したことについてであった。もし千熊と伊勢千代が離別したときには借銭借米を過分に弁償することも命じられており、婚姻・知行譲渡とひきかえに惣左衛門尉・伊勢千代側が借銭借米の肩代わりをする約束だったようである（「観泉寺所蔵浅川井出文書」『戦今』

一六六七）。

ずいぶんと生々しい「政略」結婚だが、その善悪を問おうというのではない。善三郎親子は「同心《どうしん》被官人《ひかんにん》」を従えていたようで、してみれば、そこそこ大身の武士だったと考えられるが、そのような身分の者が「進退困窮」になるほど、借銭借米を背負うことになったのはどうしてなのか。

善三郎・千熊側の言い分によれば、それは「善三郎東西陣番《とうざいじんばん》」について、であった。つまり、善三郎が各地での戦争で東奔西走して陣番を勤めた過程で、軍役負担が善三郎を経済的に圧迫して借銭借米を重ねさせたというのである。

軍役負担の内容は具体的に何であろうか。自身の兵粮、従者の扶持、馬の飼料、武器・武具・軍装の準備や整備等々、多様なものが考えられ、これはいうまでもなく、戦争が多発し、また長期化すればますます重大化していく問題である。

なお、北条氏の場合、軍役の内容を示した着到定書という文書がいくつか残っているが、これは負担者のほか召し連れるべき人数、用意すべき武器・武具・軍装を示したものであり、今問題にしている軍役負担はもっと広く、軍事奉仕に関わるもろもろの経費とイメージしている。

ともあれ、大名が家臣に求めるものは、その軍役こそが第一だった。氏真は井出千熊の申し出を承認した後、「陣番奉公に怠慢がないようにせよ」とつけ加えるのを忘れなかった。このようなことでは、善三郎・千熊の生活が本当に好転したかは疑わしい。

それにしても、軍役はそんなにたいへんだったのだろうか。ついで、違った視点から北条氏の場合を見てみよう。天正五年三月、北条氏は家臣の西原与大郎に虎朱印状を出した（「大竹文書」『小』一二四一）。西原が四六六俵にも及ぶ借米で進退きわまり、北条氏としては金融業者からの借銭借米問題には介入しない原則だったが、西原の父の忠功に免じて救済策を講じ、返済方法を指示したのである。

それは、①知行のうち五〇貫余の軍役を天正五・六年の二年間免除するので、これによって借米を払うこと、②残り五〇貫余の軍役は勤め、天正七年秋からは前々の軍役を勤めること、を具体的内容としていた。①②を合わせて考えると、西原の知行の総体が一〇〇貫余の貫高で、その半分にかかる軍役を二年間免除して返済にあてるというわけである。

知行貫高五〇貫文余に懸かる軍役が減免されるのだから、五〇貫文余という現銭をそのまま返済に充てられるわけではない。しかし、巨額の借米が二年間軍役を半分にしたことで、完済の見込みがさしあたり出ると北条氏は判断したわけである。これは、間接的だが、いかに軍役の負担が大きかったかを示している。

なお、武田氏の場合、「軍役退屈《ぐんやくたいくつ》」によって逃亡した者を連れ戻すように、という指令をしばしば見かける（「穴八幡宮所蔵文書」『戦武』二五四四、等）。この「軍役退屈」は、軍役に耐えかねて、という意味と考えられる。負担の状況を具体的に知りえないのが残念だが、直截に軍役負担の重さ・厳しさを物語るものといえる。

武具整備

軍役負担の内容として考えられるもののうち、戦国大名がとくに規定を重ねていた武器・武具・軍装の準備や整備（以下、武具整備と略）について、もう少し見てみよう。

甲斐の武田氏の場合、家臣に知行を充行《あてが》った際、「いよいよ武具等の嗜《たしな》み厳重に奉公あるべきものなり」といった文言をつけ加えるのが、かなりの程度定式化していた（早い例として、「長野県立図書館所蔵丸山史料」『戦武』三六二）。北条氏や今川氏でも同様の例が散見され、武具をしっかりと調えて奉公することについて、大名が関心を寄せていることが知られる。

戦争に際しての武具整備について、さらに見よう。次も武田氏の事例である。元亀二年（一五七一）、武田氏は信州下伊奈宿の人びとに対し、参陣すれば普請役を免除すると約束したが、同時に「武具以下之体」によって、「相当之御恩」を充行うとした（「工藤家文書」『戦武』一六四三）。「武具以下之体」の内容ははっきりしないが、武具の具合に対応する（＝「相当」）褒賞（＝「御恩」）が提示されているわけで、武具は軍役を勤める者に、褒賞の点でも大きな影響を与えている点は確認できる。戦国大名は武具のあり方を重視しているのである。

図12　北条氏政（早雲寺所蔵）

天正十三年四月、北条氏政は、下野方面への出陣に際し、岩付領の武士たちに軍役内容を指示した（「道祖土武所蔵文書」『小』一六五八）。指物、鑓《やり》、馬上武士の出で立ちのことに若干触れたうえで、「先帳」にいちいち書き記してあるのだが、なおあらためて申し出すのだという。そして、皮笠・立物・具足のたぐいはことごとく修復して「奇麗」にすること、「見苦敷《みぐるしき》」ものは新調することを命じている。「先帳」はかねて作成されていた軍役の定め書き（着到定書）だろうが、それでは安心しきれず念を入れているのである。

いかにも猜疑心の強い氏政らしいといってしまえばそれまでだが、武具整備の重要さを示しているといえるだろう。

ただし、こうした厳しい武具整備要求は、戦時に間に合いさえすればよいのだろうという見方もあるかもしれない。平時はそこそこのんびりしていてもかまわないのではないか、と。だが、次のような場合はどうだろうか。

天正四年十月、北条氏邦《ほうじょううじくに》は、持田四郎左衛門に軍装の規定を命じた。これに関して、氏邦は念を押す。諸道具（武器・武具）について申しつけるのは、当座しのぎではない。これからずっと毎年の正月・七月に点検をするものである、と（「持田文書」『戦北』一八七八）。

つまり、武具は平時であっても、つねに整備が要求されるものであった。もっとも、戦争はいつ起きるかわからないから、ことさら平時ということもない、という見方もあろう。しかし、兵粮を戦時になって市場で買う家臣たちがいたことを想起してほしい。同じように、いざ戦争になって装備を調えようとする者が、後を絶たなかったのではないだろうか。「武士の困窮」の項では、困窮して武具を質入れした根岸という人物の事例を見たが、同様の者たちが慌てて請け出そうとする図はかなり現実的だと思われる。

そこまでいかないとしても、戦争になって慌てて装備を調えるような者たちは、結局戦争のない間に武具整備をしっかりと行っておく可能性がきわめて低い。であるからこそ、定期点検を強制する必要があったのである。

武具整備の重圧はどのくらいのものだっただろうか。天正十五年十二月、北条氏政は下総の有力な領主大須賀尾張守に対し、小田原への緊急の集結を求めた（「大道寺文書」『小』一八七〇）。豊臣秀吉の来襲に備えての防御態勢構築の一環と見られるが、種々指示したうえで、氏政は次のようにいう。

以前申し合わせた武具の数々だが、集結までの日数が迫っているので、おそらく準備するのは無理だろう。そうなったとしても、このたびについては、あなたの落ち度になるものではない。できるだけのところでお計らいいただくのがよろしかろう。

氏政が直接語りかけているのは大須賀だが、北条氏との申し合わせで規定された武具を準備・整備するのはその下につく数多くの武士たちである。彼らのこうした負担は、命令する大名が自認するほど大きく、緊急の際には不整備を容認せざるをえないほどだったのである。

軍役は戦時にばかりあるものではない。領国が大きくなればなるほど、境目といわれる軍事的境界領域も広がりを見せ、そこを防衛する拠点城郭も多くなる。境目には戦国大名への従属度が低い国人《こくじん》・国衆《くにしゅう》等が盤踞しているのが通常だが、拠点城郭の重要性ゆえに大名が大きく干渉し、軍勢を交替で派遣する在番《ざいばん》制をしくことも少なからずあった。

在番の準備

在番衆として派遣される人びとは、近隣地域の場合もあったが、遠隔地の場合もあった。どちらも負担であったことは間違いないが、後者がより大変だったのは当然であろう。天正九年二月、北条氏照《ほうじょううじてる》は、自身の支配している武蔵多摩地域の在地武士である並木に、下野小山城（栃木県小山市）での在番を命じた（「青梅市郷土博物館所蔵並木文書」『戦北』二二一九）。

並木は、それまで武蔵八王子城の在番に当たっていたのが、今度は遠く下野小山城への派遣となったわけで、それも五日以内の着任を命じられており、相当な負担であったと思われる。期間も三〇日間となかなかの長さである。

しかも見逃せないのは、往復が不自由であるから、三〇日の支度を一度に持って行くように、との指示である。指示の趣旨はよくわかる。大切な在番の途中で、あれがない、これがなくなったなどと言って、持ち場を離れて帰郷されていては、役に立たない。実際往復が不自由か否かは別として、あらかじめこう指示しておくところだろう。

問題は、この三〇日分の支度を並木自身が準備していると見られることである。長期に及ぶ在番中、入り用になる物もろもろを、持ち出しで準備しなければならないとすれば、これは経済的にもたいへん大きな負担であるといえる。

天正十五年五月、北条氏の麾下にある下総小金城主高城《たかぎ》氏は、自領内の須和田《すわだ》（千葉県市川市）寺社中に対して、人足の提供を依頼した。それへ至る経緯の説明は次のようなものであった（「六所神社文書」『牛久市史料』第四章二〇七号文書）。

今度、小田原城の普請と牛久《うしく》城（茨城県牛久市）の在番とを同時に（北条氏から）命じられたので、さまざま嘆願したのだが、「命じた内容は大切なもので、早雲寺様をはじめ、古来不入の所まで、例外なく（人足を）やとったものだ、そのほうも同様にせよ」と仰せ出された。そういうわけで、この郷村からも人足を出してほしい。

小田原城の普請は、豊臣秀吉の来襲に備えてのものかと思われ、常陸《ひたち》牛久城の在番は、北方の多賀谷氏、さらには佐竹氏に備えた境目城郭の守備である。牛久城は、岡見《おかみ》氏が本来の城主だが、戦略的重要性から北条氏が大きく改修し、在番衆を派遣していた。

小田原城と牛久城という北条領国の東西に大きく隔たった城郭で、在番と普請を命じられ、比較的規模の大きな領主である高城も弱り果てていたことがうかがえるのである。

ところで、高城が弱っていたといっても、彼自身が在番したり、普請に赴くわけではない。彼の直轄領の村や、彼の家臣、また寺社などに賦課することになる（家臣や寺社は、高城に対する関係は異なるが、それぞれ自領を有する領主でもある）。

困窮の連鎖
―上から―

実際に在番するのは、在番衆として派遣される高城の家臣、さらには、その家臣に連れられる従者であり、普請役を果たすのは、直轄領、領主の私領における村から選ばれた百姓である。上から下の身分へと負担は下降していくわけであり、困窮も同様に連なっていく。高城クラスの領主が困窮にまで追い込まれることはないだろうが、下へいくほど困窮の度合いは高まると思われる。

ここまで述べてきた困窮の問題は、武士が、戦時でも平時でも、武具整備や在番などの軍役負担によってもたらされることを中心としてきた。言い方をかえれば、武士は戦争に関わって困窮に追い込まれていたわけである。しかし、上から下への困窮を考えれば、これは武士にとどまらない。戦争に関わる困窮は広がり、連鎖していくのである。

また、後に述べるが、債務も上から下へと転嫁されることが多かった。領主の債務が百姓へ、また下人へと転嫁されていくという具合である。この場合の困窮は、さらに切迫した様相を呈するものになっていくのである。

もっとも、上から下への負担の下降、債務の転嫁は、ある意味ではわかりやすい筋道かもしれない（もちろん正しいかどうかではなく）。だが、もっと複雑な問題もあったと思われる。

困窮の連鎖—下から—

戦時に陣夫等として従軍させられることは、百姓たちにとって大きな負担だった。できれば回避したいとの動きが出てくるのは当然である。永禄四年十一月、今川氏真は朝倉六郎右衛門尉という家臣の訴えに応えた。すなわち、朝倉が関わりをもつ（代官のような役職であったと思われる）尊俣《そんまた》・坂本・長津俣《ながつまた》などの郷村（いずれも静岡県静岡市）では、以前から戦争の際には陣夫役が勤められていたのだが、三河国刈屋（愛知県刈谷市）における戦争の際、百姓らが困窮につき逐電《ちくでん》（逃亡）してしまったので、陣夫役を免除してほしいと申し出てきたのである（「森竹兼太郎氏所蔵文書」『戦今』一七六八）。

氏真は調査の結果、朝倉の訴えを聞き入れて今後一切免除することにしたのだが、ここでは二つの点に注意しておきたい。第一に、陣夫役の負担は大きく、百姓たちが困窮して逐電にまで及んでいることである。ただ、逐電とはいいながら、一時的に集団で身を隠して陣夫役免除を朝倉に要求した可能性もある。しかし、困っていないならば身を隠してまで要求する必要もないわけで、困窮の度合いに幅はあるかもしれないが、いずれにせよ、陣夫役が百姓たちを困窮に追い込むほどのものだったことを確認したい。

第二に、百姓たちの逐電は、その上位にある朝倉をも困らせて大名への嘆願を余儀なくさせていることである。朝倉は大名から陣夫役をいくつかの郷村から出すように命じられ、それが果たせなくなったわけで、たしかに、多くの負担は上から下へ下降していくものだが、それが実際に果たされるべきレヴェルで頓挫した時、影響は上へ跳ね返っていくわけである。この場合、朝倉は、百姓を捜索して連れ戻し陣夫役を勤めさせるか、何らかの方法で代わりの陣夫を仕立てるか、それとも陣夫役そのものの免除を大名に嘆願するかを選択しなければならなかっただろう。幸い嘆願を認められたが、失敗していれば、捜索にせよ、代わりにせよ、多大な労力や費用を必要としたと思われる。

右の事例は大名からの役に対する、いわば責任の問題だったが、もっと直接的な問題もある。年次は確定できないが、戦国時代後半のこと。甲斐の永昌院という寺院の僧侶大奕が、郡内地域（甲斐東部）を支配する小山田氏に条目を連ねて訴えた（「永昌院文書」『戦武』三八九三)。

そのなかのひとつに「御比〔被〕官衆年具〔貢〕等無沙汰之事」があり、大奕が述べるには、年貢を催促したところ、(「御被官衆」は)「御陣奉公」で余裕がないことを言い立てて難渋し、こういう者が去年冬には一〇人、当年は二〇人もおり、年々こういう調子では納得できないとしている。

「御被官衆」は永昌院の寺領にいる百姓で、小山田の被官になっている者と考えられる。彼らが、戦争へ行って奉公するのが忙しいとして、永昌院に年貢を納めないというのである。大奕はまた、「国中(甲斐中央部)」の戦争へ赴く者はいずれも年貢を無沙汰するのでしょうかと述べており、小山田が武田氏に動員された際に、「御被官衆」を引き連れていくのが問題の原因と見られる。ただ、この言い方からは、大奕が「御被官衆」の主張をほとんど疑っていると考えてよかろう。

たしかに、「御陣奉公」は年貢無沙汰の理由づけにすぎない可能性はきわめて高いと思われるが、ここで問題にしたいのは、そこではない。戦争で軍役を果たすことがきわめて重く、年貢無沙汰の理由になりうる点が重要なのである。戦争での軍役が、実際に重いからこその理由づけであり、それは年貢収入の激減という重大な損失を領主にもたらしている。直接の経済的影響が、下から上への方向で広がっているのである。

このように、戦争に備えて、武士たちはさまざまな負担を抱えて困窮することになったが、戦争に備えるのは戦時だけでなく平時においてもであり、また問題は武士のなかで完結するのではなく、広がりを見せていたのである。各階層における困窮は、戦国社会を規定する一大問題であった。

戦時の一大消費

こう考えると、戦国社会では誰もが困窮に追いつめられているようなイメージだが、そんなに困窮ばかりでは、そもそも戦争ができるのだろうか。筆者はかつて全階層にわたる困窮というものを見とおしたが、そこにおいても、全階層の全員が困窮しているのではなく、各階層に困っている者もいれば、そうでない者もいると考えていた（久保二〇一五）。

こうした点を念頭に置いて、戦時における兵粮以下の物資を、もう一度見てみよう。戦国大名が兵粮を大量に買い付けることは、北条氏や毛利氏で確認したが、このような戦時での物資買付は大名にとどまらない。国人・国衆といわれるような有力領主クラスでも同様である。「多様な流出の原因」の項で見た、小田原合戦に際して兵粮を取り寄せ、木綿を購入しようとした酒井政辰の事例を想起されたい（九三ページ）。

さらに、ずっと下級の家臣たちはどうか。「蔵の設置と備蓄」の項で見た、北条氏邦が家臣の逸見に命じた内容には、寄子《よりこ》が寄親《よりおや》の蔵に兵粮を預けておくべきことが示されていた。このようなことがあらためて命じられる前提には、ふだん寄親の蔵に兵粮を預けないで、戦時になって慌てて市場で買い付ける寄子たちが少なからず存在したことが考えられる（八七ページ）。

つまり、さまざまな階層の者たちが、戦時には兵粮などの物資を買い付けるために大わらわなことがうかがわれるのである。

売買の場について考えてみよう。北条氏の買付では品川が見えた。ここは、よく知られているように、関東屈指の港町、太平洋海運の要港で、一大物資集散地である。寄子たちが兵粮を買い付けるのは、だいたい支城領規模をカバーするくらいの地域市場と考えてよかろう。

また、次のような場合もある。永禄十一年十二月、北条氏は矢部将監らに竹木《ちくぼく》などの準備を命じた（「矢部文書」『小』七六一）。前述したように、武田信玄が駿河に侵攻したため、北条氏とも手切れとなり、駿河東部が緊迫化した時のことである。これは軍事用の船橋を架けるためのものとされており（盛本二〇〇八）、大竹二〇〇本、尺木《しゃくぎ》一〇〇本、大和竹《やまとだけ》五〇〇束、つなぎ柱八本、縄五〇〇房、敷板四〇枚、わら莚《むしろ》一〇〇枚を書き上げている。注目されるのは、諸郷村での徴発や伐採が指示されるなかでわら莚のみ、買い調えるように、となっていることである。これについて、盛本昌広氏は「莚は手を加えて作ったものであり、製作には手間がかかっているので、それなりの対価を支払う必要があったため、購入という手段が取られた」とする（盛本二〇〇八）。同様のことは、さまざまな場面でありえたのではなかろうか。すると、戦時には、最前線（境目）付近の郷村などでも、大名がさかんに軍需物資の買付を行っていたと考えられよう。

また、「商人の活動」の項で見た天正十年東信濃での事例を想起しよう。そこでは、北条氏が戦争で必要なものを得るために所々の商人を召し寄せようとしていた。商売が行われるのは「市庭《いちば》（市場）」と見えていたが、これはおそらく従来から定期的に開かれていた市とか、ましてや常設市場ではなく、戦地付近で軍隊相手に臨時に開設される市であろう。

戦時には旧来の物資の集散地、地域レヴェルの市場、境目《さかいめ》付近の郷村、軍隊相手の臨時の市など、さまざまな場で売買が行われていたのである。

さまざまな階層の者たちが、さまざまな場で、さまざまな軍需品の売買を活発に行う。

戦争によって、大量のモノが動き消費される。これは、活況を呈しているとすらいえる有様ではないだろうか。

もっとも、そのような活況は一部の者たち、具体的には商人にしか利益をもたらさず、大半は困窮状態だったのではないか、との見方もあろう。そこで、前項などで見た北条氏邦から逸見与一郎への指示で、まだ触れていない部分について提示しよう。

蓄財する者たち

実は、逸見への指示は、「永代法度之事」として、全体で四箇条から成っており、これまで見たのは、その一箇条めのみである。二箇条めは服装の規定、三箇条めは乗馬の規定、四箇条めは武具整備の規定となっている。

各箇条ごとに少し詳しく見ていくと、二箇条めの服装規定は、質素な服装を求め、衣装を蓄えるようなことは無用だとしている。三箇条めの乗馬については、給恩《きゅうおん》三分の一程度の価格の馬に乗るようにせよ、価格の高い馬を求めて乗るのはまったく無用だ、としている。四箇条めの武具整備の規定は、種々の武具についてのこまごまとした手入れを命じているものである。二・三箇条めは倹約令ともいえるだろうが、四箇条めの武具整備は、やや異質である。また、一箇条めも兵粮の準備奨励であり、二・三箇条めとは一見して同列に扱いづらい。

だが、この「法度」の全体は、一・四箇条めから総合的に捉えることが可能なようである。すなわち、兵粮の準備、武具の整備は、いずれも戦争への備えを万全にせよということだが、二・三箇条めも、よけいな出費をせず、そこで倹約された分を戦争への備えにまわすのだ、と考えれば、統一された趣旨となるのである。

四箇条をあげた後には、陣番普請が頻繁にあるので、このように仰せ出されるところである、朝夕見苦しい格好でも苦しからざるところである、と述べている。ここだけを見れば、軍役・普請役の負担が大変だから出した指示で、格好にも気を遣わなくてよろしいとは、慈愛に満ちているようでもある。二・三箇条めも、倹約とはいえ、無理して出費し、困窮するのを防いでいるのかと思わせる。

しかし、さらに氏邦は続けている。黄金や銭貨を蓄えている者がいたならば、ひそかに報告せよ、褒美を与えるであろう、と。これこそが本音ではないか。黄金や銭貨を蓄える余裕のある者たちがおり、ともすれば衣装や馬などに出費を重ね、またそれゆえに兵粮の準備や武具の整備をおろそかにしてしまうというわけだろう。褒美つきで密告を奨励しているところからは、そういう者たちに、大名がかなり悩まされていたと考えられるのである。

　良い服装や高い馬も役負担のうちと考え、無理な出費をして困窮する者がいなかったとまではいわない。しかし、「法度」末尾に見えた氏邦の本音からは、より以上に蓄財する者たちの姿が浮かび上がる。困窮のみでは語りつくせない状況が、たしかに存在するのである。

　戦国社会は、困窮がさまざまな階層において一定の比重を占めていた。それを前提にしつつも、戦時には一大消費が行われ、活況を呈する様相すら見えた。また、蓄財をする者たちも存在していた。つまり、カネやモノがどこにもないのではない。これらは、いわば偏在していたわけである。それらをいっそう偏らせるのが戦争だった。しかし、無理な偏りは歪みとなり、軋《きし》みをおこし、いずれは崩壊に至るのである。

さまざまな紛争・訴訟

困窮は、すでに述べてきたところでも垣間見られたように、さまざまな紛争・訴訟を巻き起こす。ここでは、まず戦国大名の領国を少し離れて、戦国時代の日本においてもっとも経済先進地であった京都の状況を見てみよう。

偽造される証文

一六世紀に至っても、室町幕府は何とか京都周辺の支配は維持していた。しかし、経済先進地であるゆえに、貸借や売買など経済的問題に関わる紛争が頻発し、それへの対応に追われるのが日常だった。

貸借や売買にあたっては、当然のことながら証文が作成された。だが、しばしば発布される徳政令によって、せっかくの証文も紙きれになりかねなかった。そこで貸主は、徳政令の対象となるのが利息付きの貸借であることに目をつけ、借主《かりぬし》に強要して利息なしの貸借であることを装う証文を、しばしば作成した。

これは、「誘取《こしらえとり》（拵取）」「好取《このみとり》」などといわれ、当然ではあるが、幕府も禁止していた。たとえば、明応五年（一四九六）十二月、幕府政所は「好取」「拵取」を一切認めない決定をしている（「幕府政所内談記録」『大日本古文書　蜷川家文書　二』九一ページ）。

こうなると、徳政令が発布されれば、貸主は「誘取」った証文をたてに、この貸借は徳政令から除外されるものだと言い、借主はこの証文は「誘取」られたものだと言って紛争になるのは目に見えている。幕府としては、「誘取」のような場合、必ず利息をつけている事実が文言に表れていると考えていたようだが、紛糾は免れなかっただろう。

ただ、文書の偽造といっていい「誘取」を許容しない方針は、公権力として至極まっとうなものだったのだが、一六世紀に入っても、「誘取」は減少するどころか却って増加傾向にあった。これには、どうやら幕府の方針がなしくずしに有名無実化していったことが背景にあった。

これよりかなり以前、一五世紀半ばから、幕府は分一徳政《ぶいちとくせい》という政策を打ち出した。借主に対して、債務の一〇分の一に相当する額（分一銭）を幕府に支払えば、徳政令を適用するという策である。さらに数年後、今度は分一徳政禁制という政策をひねり出した。貸主に対して債権の一〇分の一に相当する額（これも分一銭）を幕府に支払えば、徳政令の適用を除外するという策である。

いろいろな評価があるところだろうが、ともあれ、この政策は一六世紀に入るといよいよ事例を増していく。そして、幕府は「誘取」案件についても、証文が「誘取」であるか否かを問題にせず、分一銭支払の有無によって裁決するようになった。たとえば、大永六年（一五二六）十二月、幕府は天生弥三郎に対して、預状を「好取」ってはいるけれども、徳政の法に任せて分一銭を進納したので、貸借関係は維持するとしている（『頭人御加判引付二』『室町幕府引付史料集成』下、一九八ページ）。預状は利子なしの貸借証文で、要するに利子付きの貸借なのに預状を偽造したわけである。だが、幕府はそれに構わず、分一銭進納によって貸主の言い分を認めているのである。

こうした幕府の姿勢は紛争を複雑化させることになった。もはや証文があてにならないとして、実力で何とかしようという傾向も生み、それもまた紛争につながった。戦国時代の幕府は、公権力としてどうかという点をひとまずおくとしても、経済的な紛争への対応に限れば、見るべきところがないといわざるをえないであろう。

では、戦国大名領国における紛争・訴訟はどうだったか。具体的に見ていこう。

貸借紛争と実力行使

まず、いつの時代でも起こりがちだろうが、債権・債務をめぐるトラブル＝貸借紛争である。天文二十一年（一五五二）十一月、今川義元は、三河国額田《ぬかた》郡の満《まん》性《しょう》寺《じ》に対し、いくつかの安堵を行った（「満性寺文書」『戦今』一一一四）。買得地安堵・不入権付与・普請免除・陣取停止などはしばしば見られる事柄だが、それに続いて次のようなものがある。

一、借銭催促使等、一人宛寺内へ入るべき事、

一見して奇妙な感じがする。借銭催促使等が寺内へ「入るべからざる」ならばわかるが、「入るべき」では安堵にならないのではないか。そこで注目されるのは、「一人宛」＝一人ずつという部分である。満性寺では借銭催促使等が、一人ずつではない状態、つまり大勢で入ってきており、それに困り果てて今川氏へ安堵を求めたと考えられるわけである。これはまた、人数を背景に、借銭の取り立てを強引に行う有様＝実力行使をうかがわせるものである。

天正十二年（一五八四）三月、北条氏政の子息で、岩付太田氏の旧領を支配する北条《ほうじょう》

氏房《うじふさ》が裁許した案件は、これとはまた異なる様相を見せる。氏房の家臣宮城美作守が豊田和泉という人物に対して借銭の催促使を派遣したところ、二人の催促使が討ち殺されてしまった。豊田は事件当時は菖蒲《しょうぶ》領（埼玉県久喜市）へ行っており不在だったとアリバイを主張したが、氏房は、実否は計りがたいとしつつ、子細はどうであれ、催促人に対する法外とのことから、豊田の知行を召し放ち永代改易という重刑に処している。

豊田自身の関与はともあれ、豊田の知行分での犯行だったことが重視されたゆえの裁許と考えられるが、ここでは、催促使（人）に対する「法外」＝実力行使が事件の全容解明より優先されていること、債権を取り立てる側も実力行使によって危険にさらされるという事態が、重大視されていることに注目しておきたい。右に見た満性寺の事例と関連づけて考えれば、取り立てる側も大勢で行かなければ危ないというわけである。

実力行使に関して、永正十七年（一五二〇）二月の幕府の掟書にも触れておこう。そこでは、徳政に関し、種々の品目の流質期限を規定したのち、分一銭を進納して「おんひんに、女をもつて、はくちうにとるへく」とある（「蜷川家文書」『大日本古文書蜷川家文書二』二五六ページ）。「穏便に」「女をもって」「白昼に」請け戻すようにということだが、なぜこのように細かい規定が必要なのか。裏を返せば「穏やかでないやり方で」「男が」

「夜陰に紛れ」請け戻すことが頻繁にあったからこそではないだろうか。これは、逸脱した実力行使、さらにはそれによってどさくさ紛れに徳政対象外の品まで請け戻そうとの動きを防止するためであったと考えられるのである。

貸借紛争はさまざまなかたちで起きていたことがわかるが、とくに債権者側＝貸主が強引に取り立てるだけでなく、債務者側＝借主も実力で取り立てを阻止したり、質物を請け戻したりしている点は重要と思う。貸借紛争においては、貸主・借主いずれの側も実力行使の被害に遭う可能性があり、それゆえに相応の実力を有しつつ向かい合わなければならなかったのである。

債務転嫁の横行

とはいえ、悲惨な目に遭うのは、やはり借主の側が多いわけだが、借主ではないのに、思わぬトラブルに巻き込まれることもあった。

天正十六年八月のことと思われるが、北条氏の麾下にあり、相模津久井城（神奈川県相模原市）城主だった内藤綱秀は、軍法を破って欠落《かけおち》＝逃亡した領主の借物を、残された百姓や下人《げにん》に催促するのは「不道理」だからやめるように、との命令を出した（「善勝寺文書」『戦北』三三六三）。つまり、逃亡した領主の債務が、以前その支配下にあった百姓や下人に転嫁され、貸主某から厳しく催促されることが実際にあったのだろう。こうした

「不道理」には、百姓・下人も容易に従うはずがないから、かなりの実力行使を伴ったことも考えられるのである。

永禄四年（一五六一）十二月、今川氏真は次のような裁許を行った。

遠江川匂庄大柳村《かわわのしょうおおやぎむら》（静岡県浜松市）で百姓与三郎が抱えていた名職《みょうしき》については、与三郎が過分に年貢を未進し、土地を返上していたところ、太田彦十郎がその未進を弁済して抱えるとのことなので、それは相違ないようにせよ。たとえ、今後与三郎や他の者が競望してきたとしても、彦十郎は忠節をはたらいたので、そうした者たちに許容することはないであろう。与三郎の債務を、現在、銭主（＝貸主）から彦十郎へ催促しているとのことだが、まったくもって非分の至りである。たとえ与三郎の借状にそうしたことが書き載せてあったとしても、問題の名職が返済にあてられるものではない。

名職とは、とりあえず、土地に対する一種の権限と理解しておいていただきたい。まず、百姓与三郎が何らかの事情で年貢を未進して土地（それとともにその土地に関わる名職）も返上せざるをえなくなった。そこで、太田彦十郎が未進分の年貢を肩代わりするとともに宙に浮いていた名職を手に入れ、氏真はその名職を太田に安堵した。ここまではよい。

問題は、次のところである。与三郎の債務を、貸主が太田に対して催促しているという。太田にとってはまったく迷惑な話だが、与三郎が借状を作成した際に一筆書かされたようである。要するに、名職を担保にした債務ということだろうが、貸主は太田に対して、名職をただちに引き渡すように要求したか、与三郎の債務を支払うように要求し、できなければ名職を引き渡せと言ったかだと思われる。

いずれにせよ、これもまた太田から見れば、債務転嫁にほかならない。太田の場合は、今川氏真から「忠節」を認められて権限を保障されており、ひとまず事なきを得たようだが、貸借紛争は、それこそ「ひとまず」収まっても、時間を置いて再燃することがしばしばあった。氏真にしても、永禄三年十二月、一度解決していた貸借がらみの売買に関し、新たに現れた訴人にだまされて誤った決定をしてしまい、撤回をする羽目に陥ったりしている（「国立公文書館所蔵判物証文写今川二」『戦今』一六一八）。

紛争の火種は、あらゆるところにくすぶっていたのである。

不介入原則の破綻

貸借紛争や訴訟、それに伴う実力行使・債務転嫁などに大名はどのように対応したのだろうか。これまでも、いくつかのケースがあったが、少し気をつけて見ていこう。

すでに、「軍役負担の様相」の項で見た、北条氏による西原与大郎への救済措置についてて、北条氏が金融業者からの借銭借米問題には介入しない原則だと記した（一〇七ページ）。少し補足すると、「御大途《ごだいと》」は介入しない、としており、この「御大途」とは、「大名の流通統制」の項でも述べたように、北条氏の場合、多くは大名当主や宗家を指す言葉である（六〇ページ）。

実は、北条氏はこれ以前にも同様の見解をあらわしていた。西原の事例から先立つこと五年前の元亀三年六月、北条氏は江川太郎左衛門尉の借米について救済措置を講じたが、この時に、人びとが無茶なやり方をして借銭で身を滅ぼしても、「公儀《こうぎ》」が介入することではないと述べている。ここでの「公儀」は、西原の事例の「御大途」と同じであり、やはり大名による借銭借米問題不介入の原則を示しているのである。

だが、結局、西原、江川いずれの事例も、その救済措置が特例であることを述べるために、北条氏としての原則を示しているわけで、そもそも原則が崩れている時のことなのである。彼らは、貸主を訴えているというよりは、債務で進退きわまったこと自体を大名に訴訟（この場合、嘆願とほぼ同義）したようだが、貸主・借主の一方が他方の行為を不法として訴えていれば、よけいに大名としては放置しがたいだろう。こうして、貸借に関わる問題に大名は否応なくというか、不承不承関わらざるをえないのである。
永禄十二年四月、北条氏政の弟氏規《うじのり》は、岡本善左衛門尉に対し、伊豆多賀郷（静岡県熱海市）の代官・百姓に貸し付けた兵粮が「難渋」にあって返済されない件について、厳しく催促して請け取るようにとしたうえで、次のように言い放った（「岡本善明氏所蔵文書」『戦北』一二〇一）。

人の物を借りて返済しなくてよいなどという「御国法《ごこくほう》」はないのだ。

「御国法」「国法」は、「御蔵銭・公方銭」の項でも出てきたが、ここではとりあえず戦国大名の領国レヴェルにおける法と理解しておいていただきたい。ともあれ、これこれは「御国法」である、という言い方ならばわかる。わざわざ、これこれの「御国法」はない、などと言っているのはなぜか。しかも、「人の物を借りて返済しなくてよい」ことがないのは、当たり前ではないか。

察するにこういうことであろう。これこれの「御国法」はない、と高いレヴェルの法まで持ち出して「ない」とするのは、「これこれ」をよほど強く否定したかった、否定しなければならなかったから、と考えられる。

つまり、それだけ「人の物を借りて返済しない」ことが、北条領国において深刻な問題になっていたのではないか。してみれば、不介入原則は、破綻せざるをえなかったといえるのである。

介入の内容——借主に対して

では、右にあげた江川の事例を、少し詳しく見てみよう。彼の借米は利息も合わせると一〇〇〇俵余に達しており、北条氏は前述のとおり不介入の原則を述べるが、江川は代々特別に奉公してきた者だからとして、一〇ヵ年をかけて北条氏より一〇〇〇俵余を渡すから、これで返済せよという。つまりは借米の肩代わりである。今後は僅かの借米をして泣きごとを言ってきても、いっさい認めないとクギを刺してはいるものの、異様に甘い措置ではないだろうか。ちなみに、来年からの返済に利息をつけてはならない、としているのは、肩代わりする北条氏の都合のごり押しというものであろう。

今川氏では次の事例をあげよう。永禄二年十二月、今川氏真は中村左近将監からの進退困窮についての訴訟に対処した（「静岡浅間神社文書」『戦今』一四八九）。今川氏は神領・社領（いずれも神社の所領）の売買をいっさい禁止していたのだが、神職にあった中村は、神領を過分に売却したうえ、それでも借銭借米が際限ないものとなって困り果て、泣きついてきたのである。

神領の売却先は、中村が借銭借米を負っていた銭主（貸主）で、年期売り《ねんきう》（契約年数を経過したら売主《うりぬし》に対象物件を返却する売買方式）をしていたようである。それでも返しきれない借銭借米があったわけである。今川氏の側では、銭主を糾弾して中村も改易すべきだとの意見もあったが、結局、神役（神社・神事に関わる役）は中村以外には勤められないということで大目に見ることとなり、売却された神領は銭主と中村で分けあうこととした。銭主も神領売買禁止を破っているから我慢しろという理屈である。また、神領を売却しても残っていた借銭借米については、「本銭」（元本）のみを五年かけて返済するように命じた。これもずいぶんと寛大な措置ではないだろうか。年期売りだったとはいえ、いったん売却した神領を分けあううえ、残りの借銭借米は利息もつかないのである。

このほかにも、大名が債務の肩代わりや免除をしているさまざまな事例がある。債務の免除や破棄は、要するに徳政といわれるものだが、これについては後にまとめて見よう。債務の肩代わりに類するものとしては、天文二十年十二月、今川義元が、借銭借米返済に知行を充てて困窮した三浦平三に対し、直轄領のうちから毎年五〇貫文を扶助することとした事例（「静嘉堂文庫所蔵三浦文書」『戦今』一〇五六）や、「武士の困窮」の項で見た、「今川仮名目録」二〇条において、質物に知行を入れてしまった庵原周防守のため、大名直轄領を

図13　今川義元木像（臨済寺所蔵）

銭主に与えた事例（一〇四ページ）等々がある。
戦国大名が、貸借問題に介入してこのような救済を講じているのはなぜか。北条氏の場合、西原与大郎の父の「忠功」、江川の代々の特別な「奉公」が考慮された。今川氏の場合も、三浦についてはわからないが、庵原周防守は「譜代の忠功」が考慮されていた。中村は神役を勤める技能が認められたようである。
中村・三浦以外については、大名への個別の「忠功」「奉公」が功を奏したことがわかるが、それはつまるところ、軍役勤仕での活躍だろう。先に見たとおり、軍役の厳しさが武士たちを困窮に追いやることが多いとすれば、同じく軍役で報いられるところもなければ、釣り合わないということである。
中村の場合も、彼個人の資質・力量が、今川氏にとってどれだけ認められるかということが決め手となっているには違いない。個別の介入・救済は、個別の貢献実績、その可能性によっていたのである。

これまで見たところによれば、戦国大名はずいぶんと借主への救済が手厚い。すると、貸主はいつも妥協・譲歩を迫られていたのだろうか。

介入の内容——貸主に対して

永禄三年三月、今川義元は、春林院という寺院に対し、原頼郷《はらよりさと》へ貸し付けた銭の質として受けとった田地について、原が困窮して今川氏に訴訟してきても却下することを保証した（「妙泉寺所蔵春林院文書」『戦今』一五〇二）。貸主の春林院があらかじめ今川氏に手を回し、借主の原との紛争を防いだのである。

また、永禄四年三月、今川氏真は、太平寺という寺院が、所々に貸した米銭は、たとえ直轄領であっても「公方人《くぼうにん》」をもって譴責して請け取られることを保証した（「太平寺文書」『戦今』一六六一）。これは訴訟を起こす借主が現時点で存在するわけではないが、やはりあらかじめ紛争を防いでいるものである。

義元が春林院に保証した根拠は、春林院が「無縁所《むえんじょ》」であり、諸人の志で集められた祠堂銭で運営を行っているから、貸し付けた米銭は特別なものであるということであり、氏真が太平寺に保証した根拠は、貸し付けた米銭が祠堂物《しどうもつ》であり、直轄領の年貢にも優先する「仏物《ぶつもつ》」であるということだった。

これらの鍵となっているのは、「無縁所」「仏物」、祠堂銭《しどうせん》（物）といった宗教的な事柄であることがわかる。「無縁所」が戦国大名に重視されたことについては、つとに網野善彦氏が「無縁」の原理を提唱するなかで議論し、「仏物」の重要性については、笠松宏至氏が「僧物《そうもつ》」「人物《じんもつ》」との関連で議論している（網野一九七八、笠松一九八〇）。祠堂銭を資本として寺院が金融活動を行うことも、しばしば指摘されているところである。

それぞれ、興味深い背景のある問題だが、本書の守備範囲を大きく越えてしまう。ここでは、戦国大名の貸主に対する保護・保証が、宗教的問題と色濃く関わる場合がある、という点を確認しておくにとどめよう。

しかし、大名の貸主保護は宗教関係にとどまるものでもなかった。永禄三年九月、今川氏真は、岩瀬雅楽助に対して、所々に貸し付けた米銭や、永代買い・年期買いした物件の安堵を行った。具体的には、岩瀬の永代買いによって売主がつぶれてしまう場合を除いて、徳政や年期延べの対象になるのを免除するというものだった（「皆川博氏所蔵文書」『戦今』一五八四）。

岩瀬は、「家臣・商人からの借入」の項で登場した、商業・金融業などを営む人物である（五〇ページ）。時系列としては、そこでの活躍はこの安堵よりも後になるが、大量の兵粮を用立てたり、その兵粮の利息辞退を申し出たりして、今川氏から「忠節」とされていた。すでに指摘したように、岩瀬は今川氏の家臣でもあったと思われるが、それを抜きにしても、今川氏との関係がたいへん深いことをうかがわせる。こうした安堵によって、今川氏との関係が深くなったのか、関係が深かったから安堵されたのかは定かでないが、岩瀬の金融活動はほぼ全面的に保護されたのである。

優遇される金融業者

そもそも戦国大名には、金融業者を保護、もっといえば優遇しなければならない事情があった。

金融業者は少なからず、郷村の代官を勤めるような存在だった。代官は、郷村が年貢を未進した場合、厳しく催促し、失敗した時にはみずから肩代わりしなければならなかった。未進分をまるまるかぶるわけではなく、郷村に対する債権になって利息もつけるのだが、とにかく、代官には未進を肩代わりできるだけの財力を有していることが要求される。この点で、まず金融業者は代官たる資格があるといえる。また、未進した郷村に催促をすることも、お手のものは言いすぎとしても、商売のうちであろう。しかも、そもそもの年貢催促についても代官の技能・才覚にゆだねられるから、大名は収入の根本的なところで、金融業者に依存するところがあった。

また、「御蔵銭・公方銭」や「兵粮貸し」のところで触れたが、大名が蔵の米銭を貸し付ける場合、直接貸主となるわけではない。第三者に委託するのだが、その多くは代官、金融業者であったと見られる。たとえば、「兵粮貸し」の項であげた永禄十三年三月、里見氏の事例では、預けられた人物は「代官」と明記されている。また、「御蔵銭・公方銭」の項などであげた、天正十六年十二月、北条氏忠《ほうじょううじただ》が関わった大橋という人物の事例では、大橋が抱えていた借米は「公方銭」だった。これは、公方銭を預けられた鈴木但馬という人物が、大橋に貸し付けていたものであるが、鈴木は代官を兼ねながら手広く金融業を営んでいたようである（「鈴木文書」『小』一五五七等）。

彼らは御蔵銭・公方銭・兵粮を預けられ、それを貸し付けて利益をあげ、一定の得分を受けとったうえで、大名に返す手順だっただろうが、貸付を行う場合、彼らの元々の資本と大名から預けられたものを厳密に区別していたとは思われない。京都でも、土倉の資本と彼らが託された祠堂銭が区分しがたいものとして運用されたと指摘されていることが参考になろう（中島一九九二）。だとすれば、御蔵銭・公方銭・兵粮をめぐり、大名と金融業者は、まさに一蓮托生の関係にあったといえよう。

このようなわけで、戦国大名は金融業者に大きな打撃を与えるわけにはいかない。個別の関係いかんによっては、岩瀬のように全面的に優遇されることもあったのである。

すると、結局のところ、戦国大名は貸借紛争や訴訟、その原因となる困窮に対して、一つの方向性をもった政策に基づいた解決はできなかったというしかないだろう。貸主・借主それぞれとの個別の関係を考慮しながら、いわば場当たり的に対応していたのだが、代官を勤めるような金融業者に対しては、とくに保護・優遇する必要があったのである。

徳政をめぐって

貸借紛争の行き着く果てには徳政がある。これは、戦国時代のみならず、中世の政治や経済を論ずるなかで、たいへん重要な問題である。ただし、中世の徳政をめぐっては、たいへん分厚い研究史があるので、ここではごく限られた点を指摘するにとどめたい。

王権の徳政と戦国大名の徳政

そもそも徳政とは、中国の儒教思想に基づく政治理念で、天子による仁政・善政を指す。天災・戦乱が起きるのは天子に徳が欠けているからと考えられ、徳政を行う必要があるとされたのである。

これが日本に伝えられ、古代でもすでに「徳政」と呼ばれる政策は、天皇の名によって行われていたわけである。中世では、鎌倉幕府による永仁の徳政令があまりにも有名だが、それに先立ち、朝廷でも幕府でも弘安徳政といわれる政治改革が進められていたことも注目されている。朝廷と幕府を王権のなかでどのように位置づけるかは難しい問題だが、これらも王権の徳政の枠組みで考えることはできよう。

ところが、中世後期に至ると、「徳政」は債務・貸借の破棄を指すことが一般化するといわれる。このこと自体は確かで、室町時代に頻発する徳政一揆は、まさに債務、貸借の破棄をめざしている。では、中世前期と後期の徳政は異なるものだろうか。

この点、笠松宏至氏は中世に一貫する思想として徳政を捉え、その本質をものの戻り＝あるべき姿への復活とした（笠松一九七六）。つまり、中世前期の王権の徳政も、徳政一揆も、その根底にある思想は同じであることが示されたのである。

近年、榎原雅治氏や清水克行氏が室町殿《むろまちどの》（室町時代、足利氏における最高権力者。必ずしも現職の将軍ではない。義満や義持を見よ）の徳政を指摘しているように、中世後期にも王権の徳政が提示されつつある（榎原二〇〇六、清水二〇〇八）。この動向をふまえたうえで、戦国大名の徳政に関する勝俣鎮夫氏の説を見よう。

すなわち、勝俣氏は、戦国大名の徳政令は室町幕府のそれと比べて、貸借破棄を中心としつつも、本来の徳政（善政）の性格が強いものになっているとしたうえで、それが発布される時期についても、大名当主の代替わりのほかには、敗戦や内乱など領国内の平和と安全を失った時が多いとした。これは大名の失政だからであり、その回復のためにだされたとするのである。その代表が「弓矢の徳政」という領国内が戦場となった時の徳政令で、領国民も戦災という大名の最大の失政に際して、それが回復されるために徳政が実施されるのは当然と考えたという（勝俣一九七八・一九九四）。このように、戦国大名が失政を回復するために徳政（善政）を行うというのは、前述したもともと中国で発生した徳政の思想にかなり近いものといえよう。

つまり、勝俣氏の説は、王権の徳政との関連で戦国大名の徳政について考えられることを示している。したがって、王権の徳政は中世前期だけでなく、室町時代、戦国時代と中世を一貫する問題といえるのである。これと、徳政と同一視されるほど人びとに希求される貸借破棄の問題がどのように関わるかが重要であろう。

飢饉と戦争

戦国大名の徳政については、阿部浩一氏が研究史を整理するとともに網羅的に事例を収集、検討している（阿部二〇〇一）。その要因という点では、勝俣説がすでに見たように戦争による「弓矢の徳政」を代表的としており、飢饉を重視する説（黒田二〇〇九）、飢饉と戦争を指摘する説（藤木二〇〇四）等がある。

天災＝飢饉と人災＝戦争が、戦国大名の徳政を考えるうえで重要ということだが、まさに、その飢饉・戦争によって引き起こされた大規模な徳政がある。

それが永禄三年（一五六〇）・四年の北条氏による徳政である。この徳政についても、右にあげた諸氏をはじめ研究はたいへん多い。にもかかわらず、あまりいわれていないが、筆者はこれを永禄三年と四年の二段階に分けた方がよいと考えている。

永禄三年徳政については、則竹雄一氏が包括的な検討を加え、「勧農《かんのう》の徳政」と位置づけた（則竹一九九三）。すなわち、前年来東国を襲った大飢饉により、北条領国内の郷村からは救済を求める嘆願が相次ぎ、北条氏はそれにこたえて郷村に大がかりな勧農政策を施さざるをえなくなったということである。具体的には、年貢の半分を米で納めることを許し（それまではすべて銭で納めるように要求していた）、借銭借米等の返済を認め、年期売りされた田畠の処置を定めるなどしている（「三須文書」「網代友甫所蔵文書」『小』四三一・四三二）。これに際し、北条氏康《ほうじょううじやす》は、北条氏当主の座を嫡子の氏政に譲っており、この徳政は代替わり徳政でもあった。

永禄四年徳政は、前年秋頃から長尾景虎（上杉謙信）が関東に侵攻してきたことに対応

図14　上杉謙信（上杉神社所蔵）

し、「弓矢の徳政」（以下、「弓矢徳政」と表記）の様相を呈した。たとえば、すでに十二月、北条氏康・氏政父子は、池田安芸守の武蔵河越城籠城にあたり、借銭借米の「徳政」と所領給与を約束しているが（「相州文書」『小』四六〇）、年を越えて景虎がさらに南下するにともない、大々的な徳政に至った。五月、氏康は、景虎の脅威がひとまず去った後にこのことを回顧し、次のように述べた（「妙本寺所蔵文書」『小』四八九）。

当年は「諸一揆相」のために徳政を行い、とりわけ公方銭の元本・利息あわせて四〇〇〇貫文を諸人のために放棄し、蔵本を押さえて現銭を役所に集め、昨今「諸一揆《しょいっき》相《あい》」に配当した。

「諸一揆相」はおそらく「一騎合」と同じで、ここでは下級武士と理解しておいていただきたい。「蔵本」は金融業者である。公方銭の重要性については、すでに述べたところだが、何とそれを四〇〇〇貫文も放棄したという。しかも、金融業者から現銭を集め（おそらく金融業者に預けていた銭だろう）、武士たちに分け与えたという。たいへんな持ち出しである。

このように、永禄三年徳政は、飢饉にあたって、郷村＝百姓のために出された「勧農の徳政」、永禄四年徳政は、戦争にあたって、武士のために出された「弓矢徳政」だった。飢饉と戦争は、戦国時代における徳政の重大な契機だったのである。

徳政の可能性

本節冒頭の繰り返しになるが、徳政は、貸借紛争や訴訟、その原因となる困窮を解決する最終的な手段、行き着く果てである。貸借を破棄してしまうわけだから、貸主の損害は甚大なものとなり、金融業者を保護、優遇しなければならない戦国大名としては、できる限り避けたいところである。公方銭・御蔵銭・兵粮などの貸主の立場でもあるわけだから、なおさらであろう。実際、北条氏は永禄三年・四年徳政で懲りたということでもないだろうが、それ以降、領国全体にわたる大規模徳政（惣徳政といわれることが多い）は行っていない。

しかし、徳政の可能性は、金融業者、さらに大名やその麾下・配下にある領主を悩ませ続けた。徳政は、その可能性があるだけで、すでに貸借紛争の火種となったのである。

天正十二年（一五八四）十月、「兵粮貸し」の項で述べたように、北条氏は下総小金城主高城と簗田領との貸借紛争を裁許した（九七ページ）。簗田領が高城から兵粮を借り、徳政だと号して返済しなかったのに対し、北条氏は「どうして簗田領ばかりに徳政が下されることがあろうか」として、高城の勝訴としたのだった。

ここで注目したいのは、北条氏の裁定理由で、簗田領ばかりに徳政が下されることがないということは、逆にいえば、簗田領に限らない広範囲に徳政が下される可能性はあるわけである。北条氏としては、徳政はできる限り避けたいものではあるが、すべての領国民に救済の手を差しのべるべき為政者、公権力の立場から、みずから徳政を行わないと宣言することはできず、その可能性に含みを残しておかなければならなかったのである。

ところで、戦国大名は領国レヴェルの徳政を施行するが、その麾下にある領主も、支配する領のレヴェルで徳政を施行していた。たとえば、高城は簗田領との紛争に裁定が下る八ヵ月前の天正十二年二月、舟橋（千葉県船橋市）の富中務大輔が徳政を行ってほしいと嘆願してきたのに対し、それを了承している（「船橋文書」『戦北』二六三三）。高城も喜んでそうしたわけではなく、「迷惑ではあるが神慮なので」としており、渋々承知しているのがあからさまである。

つまり、徳政は戦国大名の領国内で重層的に行われうるものであり、大名もその麾下にある領主も、それを求める動きを恐れていたと考えられるのである。

徳政の脅威

恐れていたとは大げさだろう、との見方もあるかもしれない。そこで、天正八年閏三月に北条氏麾下の千葉邦胤が椎名伊勢守妻へ出した証文を見よう（「幡谷文書」『戦北』二一六一）。

徳政を行うことはあるはずがない。もしものことを心配して願い出てきたのだろうか。万一このようなことがあっても、米銭等を貸し付けた者には催促を加え、まちがいなく取り立てるようにせよ。

椎名伊勢守妻は、金融業者かどうかはわからないが、米銭等の貸付を行っており、徳政が行われるのを恐れて債権の保証を、領主の千葉に願い出た。これに対し、千葉は徳政を行うことはあるはずがないといいながらも、断言することまではできず、債権保証の証文を出したのである。

ここからは、領主であっても徳政が予測不能だったことがわかる。これでは、貸主としてはあらかじめ対策を講じざるをえないし、願い出られれば、領主も個別に債権を保証し、徳政免除を約束しないわけにはいかないだろう。

また、次のような問題もある。永禄三年十月、今川氏真は債権の保証を行った。相手は、もはや馴染みとすらいっていい岩瀬雅楽助である（「東京大学史料編纂所架蔵三川古文書」『戦今』一五九〇）。

これによると、本多助太夫という人物が「進退困窮」によって「吉田蔵入之借銭」について訴訟し、借銭を破棄された。ここまでは、先に見た個別の救済とそれほど変わるところはない。ところが、本多は個別的に認められたその「徳政」を、他の借銭にも拡大して適用させようとした。岩瀬が貸し付けた銭も危うくなったので大名への訴訟がなされたと見られる。個別の徳政もひとつ間違えば、いかようにも転用・拡大されかねなかったのである。

このように、徳政はそれを施行する側である大名や領主にとっても、施行自体が予測不能だったし、ひとたび施行されれば、それがどのように波及していくのか、制御不能の側面があった。したがって、貸主たちはもちろん、大名や領主も徳政、あるいはそれを求める動きを恐れていたとするのも、十分理由のあることだと考えるのである。

一方、戦国時代には、債権者の権利が保護される方向へ社会全体が動いていくという指摘や、突発的な徳政一揆や徳政の主張は経済秩序を乱すものとして望まれなくなっていくとする説もある（中島一九九六、久留島二〇〇一）。

これらもろもろの動きが同調していった時、徳政はひとまずその歴史的役割を終えることになるのだろう。しかし、戦国大名やその領国の人びとは、まだまだ徳政とその可能性の脅威に向きあわなければならなかった。

そこで、次々と起きてくる貸借紛争や訴訟に対応しなければならない時、先に見たように、大名が自腹を切ったり、金融業者に妥協を強いるなど、さまざまな方策を用いた。貸借紛争といえば、ただちに徳政を思い浮かべてしまうかもしれないが、むしろこうしたさまざまな小出しの犠牲や対症療法で、大出血に至る徳政を避けようとしていることは重要だろう。徳政を完全に断ち切れないこととあわせて、戦国社会の経済状況は混沌を極め、それに対する戦国大名のジレンマは際限がなかったのである。

食糧問題の視点

ところで、ここでひとつ考えておきたいのは、食糧問題についてである。つまり、本章では、戦国社会の経済状況を見るなかで、困窮・一大消費・貸借紛争・徳政などに触れてきたが、これらを前章で見た戦国大名の蔵、兵粮貸しなどとの関わりで考えると、食糧問題の視点も必要ではないかということである。

モノやカネが偏在し、戦争があれば、一大消費によってその状況はいっそう顕著になり、ないところでの枯渇ぶりは深刻になると考えられる。そこに頻発する飢饉が拍車をかける。

また、戦国大名の蔵にも物資が不足していた。

こうなれば、たんに困窮があらゆる階層に見られたというばかりでなく、もっと直接的な意味で、食うことに困った人びとが多かったのではないか。すなわち、食糧問題が起きていたのではないか。

さらに推測を重ねることになるが、兵粮貸しなどは一般の貸借紛争では済まない問題を含んでいる可能性はないのか。たとえば、貸借される兵粮は貸す側にとってはあくまでカネとしての兵粮だろうが、借りる側にとっては直接的にモノとしての兵粮の場合はなかったのだろうか。つまり、ただちに食糧として消費するために借りるということである。なかなか史料的に裏づけるのは困難なところもあるが、戦国社会の実態に迫るためには、重要な視点と考える。

蔵持重裕氏は、刈田《かりた》が敵方破壊工作とともに兵粮確保であり庶民の飢饉を起こすことを指摘し（蔵持二〇〇二）、尾下成敏氏は、羽柴秀吉が出した掟書《おきてがき》が山陰における食糧事情の悪化に影響されていることを推定し、兵粮の調達と関連づけて論じるなど（尾下二〇〇一四）、兵粮と食糧問題との関連では注目すべき成果も出てきており、さらなる追究を課題としたい。

兵粮の到達点

戦争状況の拡大

モノとしての深化

先にも、戦国時代が終盤になってくると強大な戦国大名が生き残るとの点に触れたが、強大だということは、戦争の規模も大きくなるということである。それはまた、とりもなおさず戦争をめぐるもろもろの事柄――参加人員、軍需物資、戦闘地域等々――が、いや増しになっていくことであり、いわば戦争状況の拡大とすることができよう。このことを、兵粮との関連で考えると、どのような問題があるだろうか。以下、「戦時の兵粮・平時の兵粮」の章で見たところから、あらためて考えていこう。

まず、モノとしての兵粮について、調達や搬送・搬入との関連で、捉え直そう。すると、実にさまざまな局面で、戦国大名による指示があることに気づかされる。「調達・搬送の戦略」の項で述べたように（八三ページ）、たしかな戦略が、そこには見られるのである。

たとえば、「兵粮自弁《ひょうろうじべん》」の証拠とされているような事例について見なおそう。永禄七年（一五六四）正月、北条氏康《ほうじょううじやす》が「腰兵粮《こしひょうろう》」で出撃せよと命じた時、これは何も氏康が、「兵粮自弁」を強調しようとしているのではなく、陣夫《じんぷ》を一人も召し連れるな、と述べているところと併せて考えることが重要である。「陣夫」はおもに兵粮を運ぶ人員であるから、よけいな「お荷物」となる兵粮の持参を禁止し、軍隊に迅速な行動をさせようとしたわけである。軍隊における兵粮のあり方を、大名が目配り、管理し、戦争で優位に立とうとしているのである。

また、天正十六年（一五八八）正月、北条氏忠《ほうじょううじただ》が永楽銭《えいらくせん》六〇〇文を準備させて兵粮と換えさせる指示をしているのも、「お荷物」である兵粮を兵員自身がわざわざ運ばないようにしていることが重要である。大名側が兵員の兵粮に関心がないならば、このように面倒な手順を踏まなくとも、放っておけばよいではないか。軍隊がいかに効率的に活動できるかに、大名が周到な目配りをしていることにこそ、注目したい。

戦争における大規模な搬送や搬入作戦に関しては、いっそうそのようにいえることは明らかであろう。また、大規模な搬送がスムーズに実現するためには、流通の管理・統制が必要だった。この点も、兵粮留《ひょうろうど》めや搬送許可について、広域にわたる場合、大名当主・宗家が統括していたことを指摘した。武田氏では「兵粮運送役」という役負担も見られた。

さらに、搬入作戦や搬入妨害では、それぞれを補完する作戦行動も見られた。すなわち、搬入作戦においては、天正三年八月の上総一宮《いちのみや》城周辺では、作薙《さくな》ぎによって敵を兵粮攻めにするとともに、味方の兵粮に転用することが、北条氏当主氏政《うじまさ》の指示で行われていた。搬入妨害においては、天正二年四月、上杉方桐生《きりゅう》城の兵粮搬入を妨害した北条氏繁《ほうじょううじしげ》が、翌月には関宿《せきやど》近辺で作薙ぎを行い、幸〔猿〕島郡でも行う予定を述べていた。これは期間も空いていて、地域としても近いとはいえないが、北条軍と上杉軍が広域に展開してにらみ合っているなかでのことであり、兵粮攻めとして継続している作戦とも考えられよう。

このように、兵粮は、戦国大名の目配り・管理のもと、戦争における効果的・効率的活用が図られ、またその裏返しで兵粮攻撃による敵への大打撃が図られている。もちろん、戦国時代以前でも、兵粮は戦争における最重要物資であった。ただ、こうした能動的・積極的な兵粮への取り組みはほとんどなく、恣意的・消極的な扱いを受けるにとどまっていたことは、本書で南北朝までの兵粮について見てきたとおりである。

戦国時代に起きた前代からの変化は、戦争状況の拡大、すなわち戦争自体の頻発、さらには大規模化・長期化がもたらしたものと考えられる。兵粮をよく管理・統制することが、この状況を勝ち抜くための最重要課題のひとつであった。これは、いわばモノとしての兵粮が、戦国時代の戦争において、深化をとげていく道筋でもあったのである。

カネとしての深化

ついで、カネとしての兵粮について、蔵に関して見たところなどから、捉え直そう。

蔵からの物資流出については、平時の兵粮も、備蓄しておけばすむものではなく、さまざまな要因で持ち出されていたことを見た。

天正二年三月、北条氏邦《ほうじょううじくに》が逸見与一郎《へんみよいちろう》に命じたことを思い起こそう。そこでは、戦時になって、慌てて市場で兵粮を買い付ける家臣たちの姿がうかがわれたが、どうしてそのようなことになるかを考えれば、平時に兵粮を消費してしまい、氏邦の言うように寄親の蔵へ預けることをしないからである。つまり、兵粮はカネとして用いられ、別の物資となっているのである。

大名の蔵にしても、事情は同じだろう。別の物資とは、かえりみれば、武士への戦功褒賞であったり、戦争飢饉の救済、軍需物資の購入と、戦争状況の拡大によって、ますます増加していくものだった。

上総東金《とうがね》城主の酒井政辰が兵粮を用いて軍需物資の木綿購入に充てようとしたのも、まさに戦争状況拡大の終点に到着しようとする天正十八年小田原合戦の時だったのである。

つまり、戦争状況の拡大は、カネとしての兵粮が、いっそうさかんに用いられることにつながる。しかし、カネとしての兵粮をまったく放置しておけば、大名の蔵はほんとうに空っぽになってしまうだろう。それを防ぐために「御蔵銭《おくらせん》」「公方銭《くぼうせん》」「兵粮貸《ひようろうが》し」など、物資の運用が行われたわけだが、運用自体がカネとしての兵粮の一形態でもあったから、カネとしての兵粮の動きに、全体として歯止めがかかることはなかった。

さらにいえば、カネとしての兵粮に、売買でも貸借でも濃密に関わる商人・金融業者のことを考えれば、戦国大名がカネとしての兵粮を根本的に押さえ込むことは不可能だった。大名は彼らに依存し、癒着するところがあまりに大きいからである。

こうして、カネとしての兵粮は、大名による流通統制をくぐりぬけて動き回るが、この事態は、戦争状況の拡大に伴って、ますます顕著となっていった。モノとしての兵粮が、大名の管理・統制とともに深化したのとは、様相を異にするといえるが、これはこれで、戦争状況の拡大と軌を一にするところから、カネとしての兵粮の深化と呼んでおきたい。

モノとカネの錯綜

深化していくモノとしての兵粮とカネとしての兵粮は、整然とすみ分けていたわけではない。流通統制のところで触れたが、大名や領主は兵粮が他所へ売られ、流出することを制限している。家臣たちが、備蓄しておくべき兵粮を用いて他の物資を購入していることも、たびたび触れたとおりである。すなわち、モノであるべき兵粮が、カネとして消費・流出されることが起きているのである。蔵からの流出について述べたところで、北条氏が大量の「厩橋城米《まやばしじょうまい》」を鉄炮衆《てっぽうしゅう》に給分として支給していることに触れた。また、真田昌幸が「御扶持《ごふち》」に「御城米」を用いるように命じていることも指摘した。

これらは、軍事力強化、軍隊強化のために、「城米」＝モノとして備蓄されていた兵粮が、給分や扶持＝カネとして転用・流出してしまった例といえる。前者の場合など、その背景として北条氏が豊臣秀吉からの攻撃を想定して臨戦体制を急速に整備していることなども考えた。

軍事力強化と、兵粮との関係では、次のような事例も興味深い。元亀二年（一五七一）五月、北条氏邦は長谷部兵庫助《はせべひょうごのすけ》ら一一人に、所領充行《あてがい》・諸役不入《しょやくふにゅう》権認可・普請役赦免などの特典を付与した（「長谷部文書」『戦北』一四八二）。このようにしたからには「六人之歩之者共」も早々に馬を求めて馬上衆になれと命じており、一一人のうち過半が馬上衆でなかったのを引き上げようとしているから、軍事力強化が目的だったことは明らかだろう。これはこれでよい。問題は、続けて「当年収穫の麦五〇俵を城へ入れ置けばいよいよ忠信である」としていることである。

この麦五〇俵は、城の蔵へ備蓄される「モノとしての兵粮」と見てよかろう。さまざまな特典を付与しながら実現しようとした軍事力強化だったが、その強化された兵員に対して兵粮の上納を求めているわけである。長谷部らが、いわゆる土豪であって、年貢・公事として納めたという見方もあるかもしれないが、やはりそれならば「いよいよ忠信」などとはいわないだろう。この言い方からは、特別な奉仕の意味合いがうかがわれるのである。

軍事力強化が「カネとしての兵粮」流出のひとつの要因だったとすれば、その強化された側から「モノとしての兵粮」の不足を補塡しようとするのは、矛盾というほかないだろう。

戦争状況の拡大にともない、モノとしての兵粮、カネとしての兵粮の深化はそれぞれ進んでいくが、これらは、それぞれを必要とする一方ではモノとして扱われ、他方ではカネとして扱われながら、活発な動きを示すわけである。いま見たのは給分・扶持の問題だが、流通のなかでは、このモノとカネの変わり身はいっそう激しいだろう。モノとしての兵粮が、何らかの物資欲しさにカネとして用いられ、しかしながらそのカネを受けとった側は、それをモノとして蔵に収めるといった具合である。

このようなモノとしての兵粮、カネとしての兵粮の活発な変わり身を、本書では、モノ（としての兵粮）とカネ（としての兵粮）の錯綜と呼んでおこう。戦争状況の拡大は、モノ、カネそれぞれの深化とともに、これらの錯綜をも引き起こしたのである。

兵粮の日常化

モノとカネの錯綜は何をもたらしたか。この錯綜下では、兵粮はさまざまにその役割を変えていくわけだが、たとえば、蔵に貯えられていた兵粮が売り払われた時、それはただの食糧となる。また、逆に商人が売買していたただの食糧は、戦争が始まって大名・領主や彼らの家臣に買い求められれば、兵粮となる。つまり、兵粮とただの食糧との間にある垣根はきわめて低くなるのである。

その結果、次のような事態も起きることとなる。天正三年十一月、北条氏の家臣蜷川帯《にながわたて》刀左衛門尉《わきさえもんのじょう》は、相模の江ノ島（神奈川県藤沢市）岩本坊《いわもとぼう》に賦課する夫役《ぶやく》を、弁才天への寄進というかたちで免除し、その「祝儀」ということで、兵粮六五俵を受けとった（「岩本院文書」『戦北』一八一三）。寄進とはいいながら、実質的には夫役賦課権を売却した、

図15　江の島遠景（藤沢市観光協会提供）

いわゆる売寄進《うりきしん》のバリエーションである。それはそれとして、兵粮六五俵に、より注目される。つまり、この「兵粮」は、夫役賦課権を実質売却した、その代価であり、それ以上でも以下でもない。戦争とはまったく関係がないものなのである。

さらにあげていこう。天正十六年十一月、北条氏の家臣蔭山氏広《かげやまうじひろ》は、生活に困って、肥田越中守に鎌倉の屋敷を売却し、兵粮三三俵を受けとった（「雲頂庵文書」『戦北』三三九〇）。この兵粮もたんなる代価である。また、プロローグで触れた天正十五年六月、朝倉政元が伝肇寺《でんちょうじ》に私領の一部を永代売りした際の兵粮も、売却の代価にすぎないことは明らかだった。

時代は少し降るが、常陸鹿島神宮に関わる事例もあげておこう。年次は確定できないが、徳川家康の家臣鳥居元忠《とりいもとただ》が登場しているから、家康の関東入部後で、かつ元忠が関ヶ原合戦の直前に伏見城で戦死する以前となり、一六世紀末のことである。元忠が宿願をかなえるために、兵粮一〇〇俵を鹿島神宮に進上するという（「鹿島神宮文書」『茨城県史料中世編Ⅰ』一四七ページ）。ここには売買関係はなく、純然たる神への寄進だが、それだけにやはり戦争もまた関わりないのである。

これらは、カネとしての兵粮だろうとの見方もあるかもしれないが、今まで見てきたカネとしての兵粮は、モノとしての兵粮が転用されたり、戦費など、戦争との関わりが何かしらあるものだった。戦争と関わりのないところで、いきなり兵粮といわれているところが問題なのである。

たとえば、次のような例もある。天正七年七月、北条氏の麾下にあった下総水海城主簗田氏は、下総下川辺郷《しもこうべごう》に対し、領主への年貢納法として、「代物」であっても「兵粮」であっても「郷中」の升を用いて換算して納めるようにと述べている（「武州文書」『戦北』二〇八九、ただし一部を写真版で校訂）。ここでいう「兵粮」は、領主へ納められる以前の、年貢現物、食糧現物なのは明らかである。

以上のように、ただの食糧が兵粮と称されるようになることは、先に述べたように相互を隔てる垣根が低くなったゆえと考える。戦争とくに関わりないところで、食糧が「兵粮」といわれるようになる。これは、いわば兵粮の日常化であろう。

ところで、今さらながらだが、「兵粮」とは何だろうか。いや、これではあまりに今さらすぎた。言い直そう。戦国時代に「兵粮」と表記されているものは具体的に何なのだろうか。もちろん、モノとかカネとかで考えてきたわけだが、もう少し掘り下げてみよう。

「兵粮」と米

元亀元年正月と同年十二月に行徳という人物が、武蔵の井草《いぐさ》（埼玉県川島町）百姓中に充てて文書を出した（「武州文書」『戦北』一三七五・一四五二）。行徳については、詳らかでないが、井草郷との関わりから、おそらく北条氏支配下にあった武蔵岩付《いわつき》城の奉行人と思われる。それぞれの内容は、永禄十二年と元亀元年の年貢・公事皆済の確認である。

前者の前半部分をあげると次のようである。

井草之郷巳之歳納所之事、
八貫五百文　代物、兵粮、其外諸色納、
弐貫文　田口御給分引之、

同様に、後者の前半部分は次のようである。

井草之郷午之歳納所之事、
五貫文　　　代物納、
仁貫四百七十文　籾大豆麦納、
五貫文　　　田口外記御給分引之、

それぞれ皆済の内訳を示しているわけだが、まず「田口御給分」と「田口外記御給分」が同じであることはよかろう。田口という人物の給分であり、後者は前者の倍以上だが、とりあえず問題はない。すると、前者で「代物、兵粮、其外諸色」と一括されているものが、後者では「代物」と「籾、大豆、麦」とに分かたれているということになる。数値も八貫五〇〇文と七貫四七〇文（五貫文＋二貫四七〇文）とで近似しているから、この点もよかろう。ということは、「兵粮」が「籾」、「其外諸色」が「大豆、麦」と考えてよいだろう。つまり、「兵粮」は銭である「代物」とも、諸々の穀物である「其外諸色」とも区別された「籾」＝米であることがわかる。

さらに、「御蔵銭・公方銭」や「兵粮貸し」の項で見たように、兵粮貸しと公方銭と借米、御蔵銭借米などの混同・混用から、貸される兵粮とは、米であるといえる。武田で利殖のため預けたのは「籾」だった。

このようなところから、少なくとも北条領国ないしは東国において、通常「兵粮」とされているものは、米だったとおさえておきたい。

石高制との関連

本多博之氏は毛利領国における銭や米を検討し、毛利氏財政において米が非常に重要な位置を占めていたこと、米の価値基準としての地位が高まるなか織田政権で石高制《こくだかせい》の萌芽が見られ、豊臣政権でついに石高制が採用されることを指摘している（本多二〇〇六）。

北条領国や東国では、毛利領国ほど明確に米の大名財政に占める位置や、価値上昇を示すことはできないが、兵粮がモノ・カネとして深化するということは、その価値が高まっていくことでもあろう。そして、北条領国や東国で、通常「兵粮」とされるものが米ならば、この地域でも、米の価値や信用が高まっていたと考えてよいのではないだろうか。

また、東西で米の価値が高まることについては、貨幣史研究を中心にさまざまな議論がある。ここでは、とてもその分厚い内容に言及することはできないが、戦国時代の戦争により即したかたちで考えれば、モノ・カネとしての兵粮の深化をひとつの要因とすることも可能になろう。

だとすれば、次の時代である近世を特徴づける石高制は、戦国時代における戦争状況の拡大が準備し、生み出したものと評価することができる。いまだ推測の域を出ないが、深めていきたい問題である。

領国危機のなかで

戦争状況が拡大していけば、他国へ侵攻、攻撃し続けられる局面ばかりではない。領国に侵入され、守勢に立たされる危機をいかに乗り切るかが、大きな課題となる。

地域防衛の論理

永禄十一年（一五六八）十月（十二月の誤りともいわれる）、北条氏邦は次のような指令を発した（「井上文書」『戦北』一一〇二）。

敵が軍事行動を起こしたようなので、他所へ御印判《ごいんぱん》なくして兵粮を一駄でも持ち出したならば、（その兵粮は）見つけ次第、足軽に下されるものである。持ち出した本人は磔刑に処す。

敵は、十月だと確定し難いが、かりに十二月の誤りだとすると武田氏が想定される。それはともかく、前半の意味はわかる。敵の軍事行動による戦時下で、他所への兵粮持ち出しを規制したわけであり、「兵粮留」の一例といえる。「御印判」は「大名の流通統制」の項で見た事例と同じで、ハンコそのものではなく、ハンコが捺された文書＝印判状のことである。そこでは、物資移動の権限を大名当主ないし宗家が握っていることを述べたが、ここでは氏邦の領内からの移出禁止にとどまるので、印判状も氏邦発給の印判状と見てもよかろう（虎印判状の可能性もある）。

だが、移出を見つけ次第、その兵粮を足軽に下されるとはどういうことだろうか。せっかく他所へ持ち出されるのを食い止めたのに、足軽に与えてしまっては意味がないのではないか。

まず、なぜ足軽かを考えよう。これは、天正六年八月、北条氏の麾下にあった武蔵松山城主上田長則が、松山根小屋《ねごや》（根小屋は城郭の一類型）の足軽衆に対して命じた内容から推定できる（「武州文書」『戦北』二〇一三）。

長則は「茂呂《もろ》御陣」からやって来た者が、兵粮や馬の飼料などを買い取りたいと、どのようなコネを通じて頼んできても、一駄どころか一俵、それ以下でも持ち出してはならない、もし持ち出したならば荷馬を没収せよ、このことを松山根小屋の足軽衆は肝に銘じて見廻り、厳しくとり行うようにとしており、これも「兵粮留《ひょうろうどめ》」「荷留《にどめ》」の一例である。ここで注目したいのは、足軽衆に対して、兵粮などの持ち出しがないかの見廻りを命じていることである。

つまり、先の氏邦の指令においても、足軽が兵粮を与えられるのは、持ち出しを警戒して見廻っており、その現場を摘発すると想定されているからと考えられるのである。

しかし、それでも、なぜせっかく持ち出しを摘発した兵粮が足軽に与えられてしまうかとの問いには答えられていない。この兵粮は持ち出されなかったのが肝心なところで、氏邦の領内で消費されるのであれば、誰が用いてもよかったということになる。誰でもということでは収めにくかったので、持ち出しという最悪事態を食い止めた足軽が褒美として得ることとされたわけである。

さらにいえば、敵の軍事行動にあたっての兵粮の持ち出し禁止だから、この兵粮は、地域を防衛するために用いられるべきと位置づけられていたといえる。しかもここで他所への持ち出し禁止といっているのは、敵方は当然として、おそらくは味方であっても氏邦領以外の他領は禁止なのである。地域というのは、まさに氏邦の指令が行き渡る範囲、行き渡る人びとが現実に生活の場としているそれだと考えられる。

領国の危機というよりも、地域の危機のなか、兵粮は地域防衛のために用いられるべきとされたのである。

防衛のあり方

しかし、ただちに次のような疑問が浮かぶかもしれない。各地の蔵に備蓄されている兵粮は、戦地に向けて搬送されるのではないか、と。これは、他所へ持って行かれるのだから明らかに地域防衛目的ではないが、どう理解するかということである。

もっとも簡単に考えられるのは、戦国大名がなしくずしに兵粮を利用していったということであろう。まわりのことなどお構いなしに、である。

だが、なしくずしだけでやっていけるものではあるまい。それが歓迎をうけるまではいかなくても、是認されるに足る理由を考えてみる必要がある。

先に、国人《こくじん》・国衆《くにしゅう》レヴェルの流通統制と大名レヴェルの流通統制を見た。国人・国衆たちは、平時にみずからの裁量で領内の流通統制を行っているが、戦時には大名の対処に依存せざるをえないのだった。

これと同様の関係が見出せるということではないか。すなわち、北条氏邦も、彼の支配する地域＝「領」の領主であり、兵粮をその地域内に留める流通統制を行って、地域防衛に用いようとしたわけだが、当主・宗家は領国の大名として、領国防衛を担う存在である。したがって、領国危機にあたり、戦地へ兵粮を各地から搬送し、防衛に努めることになるのである。

つまり、防衛のあり方も地域＝領と領国との重層的関係から考えられる。ある地域にとっては他所でも、領国にとってはその一部なのである。もちろん、いつもそのようなことを標榜・説得しながら兵粮を搬送するわけではないが、持ち出される側が是認する「受け皿」ということで、理解しておきたい。

では、領国や地域を危機から防衛するのではなく、他国へ侵攻、攻撃する場合はどうなのか。これについては、なお十分な答えは得られないが、古今の多くの戦争は、事実はともかく、攻撃する側もみずからの危機をとなえている。主観的には防衛の延長上に攻撃があるわけで、こうしたところに鍵があると思う。

移出禁止の実情

ともあれ、兵粮を他国へ持ち出されるのが好ましくないことは、たしかである。しかし、カネとしての兵粮の深化を思い起こしていただきたい。兵粮はさかんに売買で用いられ、大名による流通統制をくぐり抜けて動き回るほどだった。これは、事実そうだっただけでなく、大名の対策にも混乱をもたらした。

天正十一年（一五八三）九月、北条氏は上野中大類郷《なかおおるいごう》（群馬県高崎市）の百姓中に対して虎印判状を発給し、俵物《たわらもの》の運送商売に役を賦課しない優遇措置をとった（「高井和重所蔵文書」『小』一五四四）。売買の奨励といっていいだろう。ところが、それに続けて、ただし他国へ兵粮を出すのは法度であるから承知しておくように、としているのである。この措置自体は、ちょうどこの頃、北条氏が上野で軍事行動を起こしていることと関連していると思われ、ごくあたりまえの「兵粮留」に見える。

しかし、少し考えればわかるのだが、俵物と兵粮とは、内容として相当以上重なり合うはずである。それを強いて区別して一方を売買の奨励、一方は移出禁止といっても、とくに他国と近い地域では、ほとんど意味をなさないのではないか。

この虎印判状には、もうひとつ、中大類郷に対する不入権安堵が定められている。また、最後にも横合非儀《よこあいひぎ》があれば訴え出るように述べているから、中大類郷の百姓たちの申請に対して大名がそれを認めて安堵したのが、全体の趣旨である。

してみれば、そもそも中大類郷百姓たちの側に強い俵物売買への意欲があり、大名側はそれを認めたというのが、売買奨励の内実だった。カネの強い流れに直面した大名は、右に見たような空洞化した措置をせざるをえなかったのである。

天正七年十一月、武田氏は、信濃から越後へみだりに「粮米《ろうまい》」を移出することを禁じている（「諸州古文書四下」『戦武』三一八八）。前年、越後で上杉謙信の後継者をめぐって二人の養子景勝と景虎との間で、御館《おたて》の乱といわれる争いが起こり、そのなかで武田勝頼は景勝と同盟を結んだ。これにより、信濃―越後間でも物資の流通が広く行われるようになったと考えられるが、どうやらそれが自由に行き過ぎたと武田側には捉えられたようである。

ここでの「粮米」は、辞書を引くと、食糧としての米となるが、実際、戦国時代の東国で「粮米」の事例はほとんどなく、一般の食糧というよりは、兵粮のように、特定の意味を含ませて使われていた可能性もある。いずれにせよ、一度解き放たれた流通関係が、戦国大名の都合によってリセットされたり、押さえ込まれたりすることは、たいへん困難だったのである。

地域や領国の防衛のために、兵粮は用いられるといいながら、実際には多くの問題があり、理念と現実のギャップが生じていたと考えられよう。

ただ、地域や領国の危機が拡大したり、深刻化したりすればするほど、いよいよ戦国大名は、兵粮を防衛のために活用していくことになる。大名は領国（それに包摂される地域ももちろん含む）の平和を維持し、そこにくらす人びとの生命を守る責を負うからである（勝俣鎮夫一九九四）。逆にいえば、大名がその責を果たすために行う政策・手段は、人びとに相当程度是認されうるのであり、支配というものを考えるうえで、なかなか一筋縄ではいかない問題である。

ここに、ようやく本書冒頭で触れた北条氏の指令について、あらためて見る時がきたようである。

図16　豊臣秀吉
（名古屋市秀吉清正記念館所蔵）

〈兵粮の正当性〉

当該指令の背景・事情は先送りにしていたが、少なからぬ読者は、天正十七年十二月という時期から、すでにお察しのことと思う。すなわち、北条氏と豊臣秀吉との決裂、秀吉の宣戦布告を受けてのことである。

事の経過は周知のことなので、簡単な記述に留める。天正十六年八月、北条氏規《ほうじょううじのり》の上洛によって、一時は秀吉の麾下に属した北条氏だったが、隠居氏政・当主氏直ともに上洛を回避し続けたうえ、翌十七年十月、北条氏邦配下の猪俣邦憲《いのまたくにのり》が、真田氏の属城とされていた上野名胡桃城《なぐるみ》（群馬県みなかみ町）を奪取したことが秀吉の逆鱗に触れたのである。

秀吉の長文の宣戦布告に対し、北条氏直はこれもまた長文の弁明書を送ったが、事態は収まるわけもなかった。秀吉は着々と北条氏「征伐」の準備を進め、北条側も領国一円での防衛・臨戦体制（態勢）を構築していった。

問題の指令はこのようななか、発せられた。すなわち、北条氏が未曽有の領国危機にあたって、急速に防衛体制を構築している時のものなのである。

こうしてみると、郷村にあるほぼすべての食糧を兵粮といっていることの意味が見えてくるのではないだろうか。まず、郷村にあるほぼすべての食糧が、事実として戦争のために備蓄されている兵粮であるとは、やはり考え難いこと。ついで、大名は領国危機にあたり、兵粮を最大限に活用しなければならないこと。また、それは領国の平和を担う大名のしわざとして、人びとに一定度是認されるものであること。これらを考え合わせると次のような解答が導き出される。

すなわち、戦国大名はもともと兵粮でない郷村の食糧を、すべて兵粮であると称して、拠点城郭に集中させ、管理・統制を図ったのである。わかりやすくいえば、兵粮のレッテルを貼ったということになろう。目的は、籠城戦のための備蓄とともに、侵攻してきた敵に兵粮とされないためである。

戦国大名は、ここで兵粮と称すること、レッテルを貼ることによって、みずからの行為に正当性があると主張しているといえる。つまり、兵粮と称することによる行為正当性の主張だが、長々しいので、以下では簡略に〈兵粮の正当性〉と表すことにする。

〈兵粮の正当性〉が受け容れられる背景、あるいは下地には、モノとしての兵粮・カネとしての兵粮が錯綜している現実があった。つまり、ただの食糧と兵粮との垣根が低くなっているからには、すべての食糧が兵粮といわれることにも決定的な違和感はなかったと思われるのである。

正当性のあらまし

〈兵粮の正当性〉への道は、さかのぼって確認される。天正十五年から十六年にかけても、秀吉の圧力が強まり、とくに十六年正月には、北条氏が危機感を募らせ、さまざまな対策を打ち出した。

正月三日、北条氏照《ほうじょううじてる》は、久下《くげ》兵庫助《ひょうごのすけ》に対し、天下の御弓箭《おゆみや》《ごきゅうせん》なので郷中に「くゐ物たるほとの物」を置いておくことはならないとし、現在所持している俵子《たわらこ》を、八王子に屋敷を持たない者は、寄親《よりおや》や知り合いを頼んで、屋敷のはしへ兵粮として入れさせてもらうように、郷中に置きっぱなしにした場合、御法を破ったことになるから処罰すると厳命した（「安得虎子十」『戦北』三二四八）。

天下の御弓箭とは、天下レヴェルの戦争ということで、北条側の主観としては、西の秀吉と、東の北条との一大決戦と見られていたわけである。ただし、北条側はあくまで籠城して迎撃するつもりだから、客観的には北条側の天下レヴェルの危機と言い直した方がよさそうである。

「くゐ物」はいうまでもなく「食い物」であろう。「食い物たるほどの物」とは、「食い物と名のつく物すべて」ということになる。すると、これは天正十七年の指令と同じ内容だろうか。どうもそうではなさそうである。「八王子に屋敷を持たない者は」とか、「寄親」を頼んでとかいうところを見れば、この指示が、在村しているような下級家臣（いわゆる土豪）に対して出されたものであることがうかがわれるからである。

たしかに、この時の氏照の指示は、他に、重大事が発生した場合には妻子を八王子城へ入れるようにというものがあり、また締めくくりの部分で、「侍」が活躍するのは今こそであると述べているから、家臣向けのものといえる。つまり、下級家臣が村に備蓄してい

図17　八王子城跡

る「食い物」をすべて八王子城に集中させ、管理・統制しようとしているわけであり、郷村の食糧をすべてということではないのである。

ただ、正月五日に武蔵岩付城主の北条《ほうじょう》氏房《うじふさ》が出した指令は、下級家臣とともに郷村の百姓中にも充てられ、岩付御領分の兵粮は、郷村の領主が検分（「相改」）したうえで、岩付城内に預け置くようにとし、一俵でも郷村に残し置いたならば、領主は重罪に処すと言い切っている（「道祖土《さいど》文書」「武州文書」『戦北』三二五四・三二五五）。百姓中に充てられていることや、「御領分の兵粮」を郷村の領主が検分するといったところからは、天正十七年の指令と同様に、郷村の食糧がすべて兵粮とされていることがうかがわれる。

これはおそらく、おおもとに北条氏当主ないし宗家からの指令があり、氏照と氏房とでその受け止め方に差違が出た結果ではないだろうか。当主の指令が正しくはどちらだったかはわからないが、差違が出たとすれば、このような指令が出されるのは初めてだったということと思われる。初めてで不慣れだったからこその差違、ズレであり、この天正十五～十六年の危機は、北条領国における〈兵粮の正当性〉の起点と位置づけられる。

ところで、先に北条領国で通常「兵粮」とされているものは米だったことを指摘した。しかし、氏照の場合では「食い物たるほどの物」なので、明らかに米以外の物も含むすての食糧であり、本書冒頭では、天正十七年の指令についてもそう考えていた。この点はどうだろうか。大きな危機にあたって、通常は米の異称であった「兵粮」を、あえてすべての食糧に適用させてレッテルを貼ったのではないか。やむにやまれぬ側面があるとはいえ、危機に乗っかった、〈兵粮の正当性〉によるなしくずしの食糧管理・統制への道筋がうかがわれるのである。

なお、氏房の指令には、三月になったら在所へ返還することが示されている。つまり、兵粮のレッテルを貼って管理・統制するといっても、それはあくまで危機にあたっての緊急措置であり、食糧をすべて大名の物にしてしまうわけではないのである。また、天正十七年の指令では、郷村に残る人びとの当座の食糧は置いておくように述べていた。当然のことだが、これらさまざまな配慮をしてこそ、管理・統制が受け容れられることに注意する必要があろう。

〈「御国」の論理〉

戦国大名が本来戦闘員でない人びとを戦争やそれに関わる活動に動員する場合、「御国《おくに》」「国」を根拠としていることが、しばしば指摘されている（勝俣一九七六、藤木一九九七、稲葉二〇〇〇、久保二〇〇一）。

たとえば永禄十二年二月、北条氏康は、石切《いしきり》職人の左衛門五郎らに対し、このたびは「御国之御大事」だから出動して奔走せよ、と述べている（「片平信弘所蔵青木文書」『小』七七七）。ここでいう「御国之御大事」は、何度か触れた前年末以来の武田氏との対立である。

武田信玄の脅威は、北条氏にとってもかなりのものだったようで、しばしば「御国」が用いられている。永禄十二年八月には、虎印判状によって相模徳延郷《とくのぶごう》（神奈川県平塚市）の百姓中に大普請人《おおぶしん》足三人を出すように命じているが、この時も第一に「御国」のため、第二に自分のためだから、百姓であっても奉公すべきだと述べている（「武井孝雄所蔵文書」『小』八八四）。

元亀元年二月には、出陣準備を命じたなかで、「このような乱世《らんせ》の時には、その国にある者は、出陣して奔走しないわけにはいかないのだ」としており（「清水望弘所蔵文書」『小』九三九、他）、勝俣鎮夫氏は、これを理念的には大名権力からも超越する国家と、それに属する国民の義務との関係で捉えている（勝俣一九七六）。

武田氏との対立に続く大きな北条領国の危機は、これも何度か触れてきた天正十五〜十六年に豊臣秀吉の圧力が強まってきた時である。天正十五年七月、北条氏は領国の郷村に対して、危機が訪れた際の備えについて定めた。ほぼ同文の虎印判状が十六通残っており、おそらくは領国の直轄領全体に出されたものだろう（「小澤敬所蔵文書」『小』一八二六、他）。事態の重大性がうかがわれる。

その一箇条めには、「当郷において、侍・凡下《ぼんげ》を区別せずに、万一の『御国御用』の時に、召し使われるべき者を選び出し、その名を登録すること」とある。凡下は一般民衆を示す身分呼称であり、つまりは、郷村の中から侍・凡下等の身分にかかわらず、万一の「御国御用」の際に出陣する者を選んで登録しておくように、ということである。「御国御用」は、秀吉が攻撃してきた時を指すのは明白だが、まずもって「御国」の御用であることが、本来非戦闘員であるはずの凡下まで出陣することの根拠になっているのである。

以上のように、戦国大名は領国の危機にあたって、非戦闘員までも含めて、そこに居住する人びとを、「御国」を根拠として動員しようとした（もちろん、これがそのまま大名の意図通りに実現したわけではない）。これを、さしあたり〈「御国」の論理〉と呼んでおこう。

一方、大名は、同様に領国の危機にあたって、食糧を〈兵粮の正当性〉によって管理・統制しようとしていた。ここには、通じるところがあると見てよかろう。すなわち、ヒトを〈「御国」の論理〉によって動員し、モノを〈兵粮の正当性〉によって動員することを企図したのである。

潜在化する兵粮

ここで、中世兵粮のたどった道のりを、あらためて整理しておこう。

「戦国大名登場までの兵粮」の章で見たように、もともと兵粮は、戦争のたびにモノとして賦課されていた。それが兵粮料《ひょうろうりょう》というかたちで戦費として収取される、さらにはあらかじめ在地の年貢から控除されることなどを通じて、しだいにカネとしても認識されるようになっていった。

こうした認識は、南北朝時代以降、たび重なる兵粮料所設定などを通じて、いよいよ社会に浸透しつつあった。一方、モノとしての兵粮は、当然ながら戦争が起こるたびに必要とされていたが、戦争のなかで確固たる位置づけを得ていなかった。

戦国時代になっても、急激な変化が起きたわけではない。戦争状況の拡大、戦争自体の大規模化・長期化などによって、そのなかば以降にモノとしての兵粮、カネとしての兵粮が深化し、またモノ・カネの錯綜が活発化していったと考えられる。

さらに、領国の危機をテコとして、戦国大名は、まず〈「御国」の論理〉によってヒトの動員を、少し遅れて〈兵粮の正当性〉によってモノの動員を図った。〈兵粮の正当性〉は、地域防衛の論理から導かれ、兵粮とただの食糧との同一視を背景・下地として現れた。ここに、領国の食糧すべてに兵粮のレッテルを貼って管理・統制しようとする体制が形成された。危機にあたって食糧がすべて兵粮となるとは、いいかえれば、すべての食糧が潜在的に兵粮であることになる。兵粮の潜在化とすることもできよう。

このようにいってしまうと、いかにも戦国大名が権力を強化したかのようだが、実際にはそうでもない。まず、管理・統制するために兵粮として集められた食糧も、天正十六年正月の北条氏房の指令で明らかなように、危機が去れば返却されることとなっており、収奪とは異なる。

また、すべての食糧が潜在的に兵粮となるからには、戦費として年貢から控除されることもなくなる。大名が収取システムのなかに、兵粮を年貢や一般の公事と別立てで、あえて兵粮として組みこんで、賦課・収奪を行うことはなくなるのである。これは、中世または戦国時代における兵粮の、ひとつの到達点といえると思われる。

もちろん、あくまで到達点だから、そこまでにならない場合もある。むしろその方が多いかもしれない。また、当然ながら、敵地では、兵粮が略奪や恣意的賦課の対象であり続けただろう。しかし、全体として、兵粮についての大名の恣意は制限される方向に動いているのではないか。だからこその到達点と考えたい。

先に触れた武蔵井草郷では、年貢として納められた米を兵粮と呼んでいた。下総下川辺郷でも、年貢現物を兵粮と呼んでいた。これは、到達点に至る過渡的段階だからなのだろうか。その可能性もあるが、ここはやはり、兵粮と呼んでいるものが年貢とは別立てでないことに注意する必要がある。つまり、ただの食糧と兵粮が同一視されるようになったこと、――先に述べたところでは兵粮の日常化――が問題で、年貢を取る側としては、兵粮を取るつもりではなく、よくある異称を使ったまでと考える。ただし、取る側が無意識にそのように用い、問題なく収取が行われているとすれば、ある意味では収取そのものが戦争と色濃い関係にある、戦争が収取にも浸透していることを示すといえるのではないか。

つまり、こうした関係もまた、すべての食糧の兵粮化を受け容れやすくしていると考えられるわけで、兵粮の日常化は、兵粮の潜在化をもたらす。日常的に兵粮と呼ばれている米が年貢として収取されていること、それが危機のなか、すべての食糧を兵粮として（一時的にでも）管理・統制させることにつながっているのである。

兵粮のゆくえ——エピローグ

戦争経済

モノとしての兵粮・カネとしての兵粮の活発な動きは、戦国時代の戦時にも平時にも見られていた。戦時にはモノとしての兵粮などの物資に一大消費が起こり、兵粮以外の軍需物資購入にはカネとしての兵粮がさかんに用いられた。平時にも戦争への備えが要求された。しかし、モノとしての兵粮の備蓄は、カネとしての兵粮との錯綜のなか、十分には進まなかった。

戦国時代の戦時・平時には兵粮が軸となって混沌とした経済状況を生み出していた。このような経済を筆者は、戦国時代の戦争経済と呼んでいる。戦国時代なりの、といってもいい。というのは、もちろん、戦争経済が近代や現代においてはすでに用いられている概念だからであり、また、それとは異なるものと考えるからである。筆者がいう戦国時代の戦争経済とは、試みに用いているものであり、さしあたり、戦争に規定され、また逆に戦争を規定する経済という程度にすぎない（久保二〇一五）。

だが、戦国時代に限らず、前近代の戦争を考える時、あまりにも経済との関連について言及されることが少ないのではないか。近現代の戦争では、むしろ当然視されているはずである。こういうわけで、戦争経済を、戦国時代において意識して考えたいのである。

戦国時代の経済状況はモノとカネの偏在に特質づけられていたが、それは戦争によってさらにおし進められた。繰り返しになるが、平時から戦争の備えに規定された消費が進み、戦時にはおびただしい消費となった。戦時の消費をたて直し補塡するために、平時には無理を重ねなければならなかった。その結果、借銭借米が蔓延して多くの人びとを苦しめることになった。これが繰り返される戦争経済であり、その中心にあるのは兵粮だったのである。

このままでは、領国が成り立たなくなってしまうので、戦国大名は救済策を講じなければならないが、それもまた金融業者を優遇しなければならない大名としては、不徹底なものとならざるをえなかった。

図18　肥前名護屋城跡（佐賀県立名護屋城博物館提供）

矛盾が進み、救済策も限界があったとすれば、戦争経済は崩壊することとなろうが、戦国大名段階ではそこまでには至らず、問題は統一政権、幕藩制国家に持ち越されることになったのである。

秀吉と兵粮　このように考えると、豊臣秀吉の朝鮮出兵は戦争経済の極限を示すように見える。肥前名《ひぜんな》護屋《ごや》（佐賀県唐津市）の陣に、日本中の大名が集結して都市を形成していることなど、戦時の一大消費が膨張しきっているといえるし、本書の立場からいえば、兵粮の大規模な搬送のさまは、まさに壮観である。

天下を統一した秀吉の兵粮運用は、と

にもかくにも規模の点から戦国大名を圧しているようだが、この点に詳しい中野等氏の仕事に学びながら、気になる点を見ておこう（中野一九九六・二〇〇六）。

まず、秀吉は、当初兵粮を朝鮮現地で調達できると考えていた。このことについて、中野氏は、国内統一戦での組織的補給に対して「逆行した政策」であり、「『稚拙』な補給計画」と厳しく評価し、その背景には秀吉らの「対外認識の甘さ（あるいは誤り）」があった」としている。

対外認識の甘さ・誤りはそのとおりと思う。ただ、兵粮の現地調達を「逆行した政策」「稚拙」とまでいうのには、躊躇を感じる。「戦場への搬送」の節で見たように、兵粮は「お荷物」であるから、現地調達できるのならば、大量の搬送は後回しになろう。もちろん、現地調達できるという見込みそのものが誤っていたわけだが、現地調達が組織的補給と比べて逆行していたり、稚拙なのではないと思う。

現地調達の見込みが頓挫したため、秀吉は、名護屋や博多へ兵粮米を集めさせ、朝鮮への搬送が行われた。この結果、釜山浦《プサンポ》など朝鮮の慶尚道《キヨンサンド》南岸には多くの兵粮が集結した。まさしく、大規模な兵粮の搬送である。だが、集結した大量の兵粮は、朝鮮半島の奥深く攻め込んでいた日本の侵略軍には送り届けられなかった。半島内での搬送路が確保できなかったからであり、結局、兵粮不足によって日本軍は半島南岸まで撤退するよりなかった。大規模な搬送態勢＝体制が構築されたように見えても、それは実にあっけなく崩れ去るものだったのである。

次に、講和・休戦期である。この時期には、朝鮮半島に残って駐留している軍勢のために兵粮が送られ、備蓄された。文禄二年（一五九三）七月、秀吉は小早川隆景《こばやかわたかかげ》に対して、城郭を指定し、守備兵の人数、武具の種類・数量、兵粮の数量などを書き送った。さらに、兵粮については、一〇ヵ月分の兵粮を蔵に積んでおくようにとしたうえで、次のように述べた。「私兵粮」を持っている者に対しては蔵に積んでおいた兵粮はそのままにしておくように、持っていない者には蔵に積んでおいた兵粮を下行《げぎょう》し、その精算は来春申告するように、と（「小早川家文書」『大日本古文書　小早川家文書　一』四八九ページ）。

問題は「私兵粮」だが、これは秀吉が蔵に積むことを指示した兵粮と対比されていることからも、兵員が自弁で用意した兵粮といえよう。つまり、兵員の相当数は、兵粮の支給を完全にはあてにしておらず、みずから用意していた。それだけではない。秀吉も、その「私兵粮」を前提に、利用しようとしているのである。

また、備蓄されている米を「古米」にしないため、入れ替えを図っていることに注目したい。これは、中野氏も指摘しているように、腐敗してダメになることを防ぐためである。蔵からの流出を考えたところで、時間経過による兵粮の劣化、入れ替えの可能性を指摘したが、ここではまさにそれが裏づけられる。

戦国大名の場合、古くなった米はカネとして売却や利殖に充てられたと思われるが、秀吉はこれを在番の大名たちに貸し付けた。大名たちは償還のために新米を国元から補給しなければならなかったというから、負担は大名、さらにはその領国へと転嫁されていったわけである。

「徳川の平和」へ

徳川の世となり、大坂の陣が終結して豊臣氏が滅ぶと、領主たちの戦争はなくなり、一応「平和」が訪れた。だが、社会の安定化にはなお時間が必要であり、そのようななか、寛永十四〜十五年（一六三七〜三八）に幕藩領主たちを震撼させる事件が起こった。島原・天草一揆である。

これは、苛政に対する民衆の蜂起だったが、一揆の大軍が肥前原城跡（長崎県南島原市）に籠城し、幕府から上使が派遣され、九州諸藩の兵が動員されるなど、紛れもなく戦争だった。しかも、最初の上使板倉重昌《いたくらしげまさ》は戦死しており、当初の情勢は予断を許さないものがあったと思われる。

島原・天草一揆についての研究は枚挙に暇がないほどあるが、筆者はたまたま二〇一三年度、当時早稲田大学大学院文学研究科日本史学コースの修士課程二年生だった平山遥氏の修士論文「島原天草一揆における兵粮調達」の副査を担当し、その内容に興味をひかれた（平山二〇一四）。

すなわち、この一揆では、熊本藩が姻戚関係にある小倉藩をはじめ、多くの藩から兵粮や船の提供を要求されて奔走したり、江戸・大坂・戦地の間で、兵粮調達の方法に路線の違いが生じて混乱を来たしたりしているというのである。整然とした兵粮調達・搬送・支給の仕組みができていたとは、とても思えないではないか。

天下を統一した秀吉にしても、「徳川の平和」を実現した江戸幕府にしても、戦国大名と兵粮との関係に比して、どれほどの違いがあるかは、先入観を捨てていろいろな角度から再検証してみる必要があろう。少なくとも、今のところは、兵粮や戦争経済は、彼らに統御されきらぬまま、戦争の方が先になくなったように思われてならない。

ともあれ、島原・天草一揆が一揆勢の壊滅によって収束したのち、国内の戦場は長く閉鎖された。もちろん、いざという時のためにモノとしての兵粮は、幕藩領主たちの蔵に備蓄されていただろうし、石高制の社会にあっては、カネとしての兵粮の役割が重要だったことはいうまでもない。ただし、「平和」な社会では、それらが「兵粮」と称される意味はなくなっていく。それでも、もぬけの殻になった「兵粮」という言葉が、しばしば用いられるのは、戦国時代に大きな役割を果たした残影とでもいえようか。

幕末に戦争が再開され、近代日本は軍事国家として確立していく。時代は移っても、戦争における食糧が重要なことは当然だが、本書で述べたようなモノ・カネの兵粮とは大きく異なるものとなるのであり、このあたりで筆を擱きたいと思う。

ただ、〈兵粮の正当性〉によって、すべての食糧にレッテルを貼って管理・統制してしまうなどというのは、遠い昔の出来事だと突き放してしまってはいけない。近代でも似たようなことはあった。いつまた、同じ事態が起きないとは限らないのである。そのような世の中にならないことを、切に願いたい。

あとがき

戦国時代や戦国大名といえば、英雄たちが智略の限りをつくしてわたりあい、しのぎを削って生き残りを模索していくという構図が目に浮かぶ。具体的にそれが行われるのは、戦争、戦場においてである。

しかし、当然のことながら、これらは戦国時代・戦国大名のごく一部（のイメージ）しか示していない。戦国時代における、戦国大名の、戦争のみに絞っても、問題はずいぶんと複雑である。そもそも、戦争は、戦場での戦闘のみで決せられるものではない。そうした表面にあらわれないところこそ鍵を握っている場合が、はるかに多い。

本書で見た兵粮の問題などは、その代表的なもののひとつであろう。何せ人間は食うことができなければ、たたかうことはもちろん、生きることもできないのだから。逆にいえば、うまく食っていくことができれば、それだけ戦争は有利にたたかえるし、敵を食えなくさせることができても同様である。

そのうえ、兵粮が関わっているのは、戦争だけではないし、戦国大名だけでもない。さまざまな事柄や人に影響を与えつつ、戦国社会を活発に動き回っている。兵粮は、戦争だけでなく、戦国時代の鍵も握っているのではないか。

およそこういうことを考えて、といいたいところなのだが、実のところ、兵粮に関連する史料を、どういう意図で集めていたのかは、はっきりとした記憶がない。二十数年前から、『戦国遺文　後北条氏編』をもとに、北条氏文書目録データベースのようなものをゆるゆると作成していたのだが、そのなかの「キーワード」項目に兵粮を入れていたわけで、少なくとも気になる文言ではあったのだろう。前述したことも漠然と念頭にあったのかもしれない。

こうしたなか、戦争と経済との関係、その中心となる兵粮の問題に正面から取り組むこととなった経緯については、前著『戦国時代戦争経済論』（校倉書房、二〇一五年。以下前著と表記）の「あとがき」に述べているので、そちらを参照していただきたい。

本書は、前著の姉妹編となるが、より兵粮をクローズアップし、具体的なありさまを描くことに留意した。兵粮の背景にある戦国社会の経済状況についても同様である。検討対象も、前著ではほぼ北条・今川・武田氏だったが、毛利氏を加えたことによって、新たな知見をさまざま得た。一件にとどまったものの、島津氏の事例もあげている。また、〈兵粮の正当性〉の起点など、前著をまとめる段階では気づいていなかった見解を盛り込むこともできた。

二〇〇一年の歴史学研究会大会日本中世史部会で、私ははじめて兵粮に関わる報告を行い、それから前著を上梓するまで一五年近くかかったが、前著と本書との間にも、新たな「発見」があったわけであり、兵粮をめぐる問題は、量的にも質的にもまだまだ発展していく可能性があるというのが実感である。その意味では、本書も中間報告書であるといえよう。

本書を成すにあたっては、糟谷幸裕・菊池浩幸・則竹雄一氏と毎年夏の終わりに開催しているうちうちの半日研究会「裏サマーセミナー」（中世史サマーセミナーの日程と重ならないようにしているので、「裏」ともいえないが）で、さまざま意見をいただいた。また、菊池氏には、本文でおわかりいただける論文の学恩にとどまらず、私が不案内な毛利氏に関する事柄を数多く教わった。

吉川弘文館編集部の矢島初穂氏には、小見出しのつけ方など、懇切な助言をいただいた。

製作担当の板橋奈緒子氏にも感謝申し上げたい。

なお、本書は二〇〇九年度早稲田大学特定課題研究助成費（特定課題B、題目：中世兵糧の基礎的研究、課題番号：２００９Ｂ—０３６）、二〇一〇年度早稲田大学特定課題研究助成費（特定課題B、題目：中世兵糧の基礎的研究、課題番号：２０１０Ｂ—０３６）、平成二三〜二五年度科学研究費（基盤研究（Ｃ）、題目：中世兵糧の基礎的研究、課題番号：２３５２０８３６）、二〇一四年度早稲田大学特定課題研究助成費（特定課題（基礎助成）、題目：戦国時代における兵糧と戦争経済の研究、課題番号：２０１４Ｋ—６０４３）による成果の一部である。

二〇一五年八月一五日

久保健一郎

参考文献（本文で直接触れたものにとどめた）

阿部浩一「戦国大名領下の『蔵』の機能と展開」『史学雑誌』一〇三編六号、一九九四年（のち阿部『戦国期の徳政と地域社会』吉川弘文館、二〇〇一年）
阿部浩一「戦国期徳政の事例検討」阿部前掲書、二〇〇一年
網野善彦『無縁・公界・楽』平凡社、一九七八年（増補版一九八七年）
稲葉継陽「中世後期における平和の負担」『歴史学研究』七四二号、二〇〇〇年（のち稲葉『日本近世社会形成史論』校倉書房、二〇〇九年）
榎原雅治「室町殿の徳政について」『国立歴史民俗博物館研究報告』一三〇集、二〇〇六年
尾下成敏「天正九年六月二十五日付羽柴秀吉軍律掟書考」『史林』九七巻三号、二〇一四年
笠松宏至「中世の政治社会思想」『岩波講座日本歴史七　中世三』岩波書店、一九七六年（のち笠松『日本中世法史論』東京大学出版会、一九七九年）
笠松宏至「仏物・僧物・人物」『思想』六七〇号、一九八〇年（のち笠松『法と言葉の中世史』平凡社、一九八四年）
勝俣鎮夫「戦国法」『岩波講座日本歴史八　中世四』岩波書店、一九七六年（のち勝俣『戦国法成立史論』東京大学出版会、一九七九年）
勝俣鎮夫「戦国法の展開」永原慶二他編『戦国時代』吉川弘文館、一九七八年

勝俣鎮夫「一五―一六世紀の日本」『岩波講座日本通史一〇　中世四』岩波書店、一九九四年（のち「戦国大名『国家』の成立」と改題して、勝俣『戦国時代論』岩波書店、一九九六年）
川合　康『鎌倉幕府成立史の研究』校倉書房、二〇〇四年
菊池浩幸「戦国大名毛利氏と兵糧」『一橋論叢』一二三巻六号、二〇〇〇年
久保健一郎「後北条氏における公儀と国家」久保『戦国大名と公儀』校倉書房、二〇〇一年
久保健一郎『戦国時代戦争経済論』校倉書房、二〇一五年
蔵持重裕「民衆生活の基底」『講座日本荘園史三　荘園の構造』吉川弘文館、二〇〇三年（のち「中世における民衆生活の基底」と改題して蔵持『中世村落の形成と村社会』吉川弘文館、二〇〇七年）
久留島典子『日本の歴史13　一揆と戦国大名』講談社、二〇〇一年
黒田基樹『戦国期の債務と徳政』校倉書房、二〇〇九年
小林一岳『日本中世の一揆と戦争』校倉書房、二〇〇一年
佐々木銀弥「戦国大名の荷留について」『中央大学文学部紀要』史学科三二号、一九八七年（のち佐々木『日本中世の流通と対外関係』吉川弘文館、二〇〇四年）
清水克行『大飢饉、室町社会を襲う！』吉川弘文館、二〇〇八年
高木昭作『日本近世国家史の研究』岩波書店、一九九〇年
高橋典幸『鎌倉幕府軍制と御家人制』吉川弘文館、二〇〇八年
中島圭一「中世京都における祠堂銭金融の展開」『史学雑誌』一〇二編一二号、一九九三年
中島圭一「中世後期における土倉債権の安定性」勝俣鎮夫編『中世人の生活世界』山川出版社、一九九

六年
中野　等『豊臣政権の対外侵略と太閤検地』校倉書房、一九九六年
中野　等『秀吉の軍令と大陸侵攻』吉川弘文館、二〇〇六年
永原慶二「小田原北条氏の兵糧米調達」『おだわら』四号、一九九〇年
則竹雄一「後北条領国下の徳政問題」『社会経済史学』五四巻六号、一九八九年（のち則竹『戦国大名領国の権力構造』吉川弘文館、二〇〇五年）
則竹雄一「大名領国下における年貢収取と村落」『歴史学研究』六五一号、一九九三年（のち則竹前掲書、二〇〇五年）
平山　遥「島原天草一揆における兵粮調達」二〇一三年度早稲田大学大学院文学研究科提出修士論文、二〇一四年
藤木久志「大名領国の経済構造」『日本経済史大系二　中世』東京大学出版会、一九六五年（のち藤木『戦国社会史論』東京大学出版会、一九七四年）
藤木久志『雑兵たちの戦場』朝日新聞社、一九九五年
藤木久志「村の動員」藤木『村と領主の戦国世界』東京大学出版会、一九九七年
藤木久志『飢餓と戦争の戦国を行く』朝日新聞社、二〇〇一年
藤木久志「戦国の村の退転」藤木・黒田基樹編『定本・北条氏康』高志書院、二〇〇四年
本多博之『戦国織豊期の貨幣と石高制』吉川弘文館、二〇〇六年
峰岸純夫『中世　災害・戦乱の社会史』吉川弘文館、二〇〇一年

盛本昌広『軍需物資から見た戦国合戦』洋泉社、二〇〇八年
山本浩樹「放火・稲薙・麦薙と戦国社会」『日本歴史』五二一号、一九九一年
山本浩樹「戦国大名領国『境目』地域における合戦と民衆」『年報中世史研究』一九号、一九九四年

著者紹介

一九六二年、北海道網走市に生まれる
一九八五年、早稲田大学第一文学部史学科日本史学専修卒業
一九九三年、早稲田大学大学院文学研究科博士後期課程満期退学
現在、早稲田大学文学学術院教授、博士（文学）

〔主要著書〕
『戦国大名と公儀』（校倉書房、二〇〇一年）
『戦国時代戦争経済論』（校倉書房、二〇一五年）

歴史文化ライブラリー
415

戦国大名の兵粮事情

二〇一五年（平成二十七）十二月一日　第一刷発行
二〇一六年（平成二十八）六　月十日　第四刷発行

著　者　久《く》保《ぼ》健《けん》一《いち》郎《ろう》

発行者　吉　川　道　郎

発行所　株式会社　吉川弘文館
東京都文京区本郷七丁目二番八号
郵便番号一一三―〇〇三三
電話〇三―三八一三―九一五一〈代表〉
振替口座〇〇一〇〇―五―二四四
http://www.yoshikawa-k.co.jp/
印刷＝株式会社 平文社
製本＝ナショナル製本協同組合
装幀＝清水良洋・李生美

ISBN978-4-642-05815-5

歴史文化ライブラリー

1996. 10

刊行のことば

現今の日本および国際社会は、さまざまな面で大変動の時代を迎えておりますが、近づきつつある二十一世紀は人類史の到達点として、物質的な繁栄のみならず文化や自然・社会環境を謳歌できる平和な社会でなければなりません。しかしながら高度成長・技術革新にともなう急激な変貌は「自己本位な刹那主義」の風潮を生みだし、先人が築いてきた歴史や文化に学ぶ余裕もなく、いまだ明るい人類の将来が展望できていないようにも見えます。このような状況を踏まえ、よりよい二十一世紀社会を築くために、人類誕生から現在に至る「人類の遺産・教訓」としてのあらゆる分野の歴史と文化を「歴史文化ライブラリー」として刊行することといたしました。

小社は、安政四年（一八五七）の創業以来、一貫して歴史学を中心とした専門出版社として書籍を刊行しつづけてまいりました。その経験を生かし、学問成果にもとづいた本叢書を刊行し社会的要請に応えて行きたいと考えております。

現代は、マスメディアが発達した高度情報化社会といわれますが、私どもはあくまでも活字を主体とした出版こそ、ものの本質を考える基礎と信じ、本叢書をとおして社会に訴えてまいりたいと思います。これから生まれでる一冊一冊が、それぞれの読者を知的冒険の旅へと誘い、希望に満ちた人類の未来を構築する糧となれば幸いです。

吉川弘文館

歴史文化ライブラリー

中世史

歴史文化ライブラリー

名前と権力の中世史 室町将軍の朝廷戦略——水野智之
戦国貴族の生き残り戦略——岡野友彦
戦国を生きた公家の妻たち——後藤みち子
鉄砲と戦国合戦——宇田川武久
検証 長篠合戦——平山 優
よみがえる安土城——木戸雅寿
検証 本能寺の変——谷口克広
加藤清正 朝鮮侵略の実像——北島万次
落日の豊臣政権 秀吉の憂鬱、不穏な京都——河内将芳
北政所と淀殿 豊臣家を守ろうとした妻たち——小和田哲男
豊臣秀頼——福田千鶴
偽りの外交使節 室町時代の日朝関係——橋本 雄
朝鮮人のみた中世日本——関 周一
ザビエルの同伴者 アンジロー 戦国時代の国際人——岸野 久
海賊たちの中世——金谷匡人
中世 瀬戸内海の旅人たち——山内 譲
アジアのなかの戦国大名 西国の群雄と経営戦略——鹿毛敏夫
琉球王国と戦国大名 島津侵入までの半世紀——黒嶋 敏
天下統一とシルバーラッシュ 銀と戦国の流通革命——本多博之

近世史

神君家康の誕生 東照宮と権現様——曽根原 理
江戸の政権交代と武家屋敷——岩本 馨
江戸の町奉行——南 和男
江戸御留守居役 近世の外交官——笠谷和比古
検証 島原天草一揆——大橋幸泰
大名行列を解剖する 江戸の人材派遣——根岸茂夫
江戸大名の本家と分家——野口朋隆
赤穂浪士の実像——谷口眞子
〈甲賀忍者〉の実像——藤田和敏
江戸の武家名鑑 武鑑と出版競争——藤實久美子
武士という身分 城下町萩の大名家臣団——森下 徹
旗本・御家人の就職事情——山本英貴
武士の奉公 本音と建前 江戸時代の出世と処世術——高野信治
宮中のシェフ、鶴をさばく 江戸時代の朝廷と庖丁道——西村慎太郎
馬と人の江戸時代——兼平賢治
犬と鷹の江戸時代 〈犬公方〉綱吉と〈鷹将軍〉吉宗——根崎光男
江戸時代の孝行者 「孝義録」の世界——菅野則子
死者のはたらきと江戸時代 遺訓・家訓・辞世——深谷克己
近世の百姓世界——白川部達夫
江戸の寺社めぐり 鎌倉・江ノ島・お伊勢さん——原 淳一郎
宿場の日本史 街道に生きる——宇佐美ミサ子
〈身売り〉の日本史 人身売買から年季奉公へ——下重 清

歴史文化ライブラリー

江戸の捨て子たち その肖像——沢山美果子
歴史人口学で読む江戸日本——浜野 潔
それでも江戸は鎖国だったのか オランダ宿 日本橋長崎屋——片桐一男
江戸の文人サロン 知識人と芸術家たち——揖斐 高
エトロフ島 つくられた国境——菊池勇夫
江戸時代の医師修業 学問・学統・遊学——海原 亮
江戸の流行り病 麻疹騒動はなぜ起こったのか——鈴木則子
江戸幕府の日本地図 国絵図・城絵図・日本図——川村博忠
江戸城が消えていく 『江戸名所図会』の到達点——千葉正樹
都市図の系譜と江戸——小澤 弘
江戸の地図屋さん 販売競争の舞台裏——俵 元昭
近世の仏教 華ひらく思想と文化——末木文美士
江戸時代の遊行聖——圭室文雄
ある文人代官の幕末日記 林鶴梁の日常——保田晴男
幕末の世直し 万人の戦争状態——須田 努
幕末の海防戦略 異国船を隔離せよ——上白石 実
江戸の海外情報ネットワーク——岩下哲典
黒船がやってきた 幕末の情報ネットワーク——岩田みゆき
幕末日本と対外戦争の危機 下関戦争の舞台裏——保谷 徹

近・現代史

五稜郭の戦い 蝦夷地の終焉——菊池勇夫
幕末明治 横浜写真館物語——斎藤多喜夫
横井小楠 その思想と行動——三上一夫
水戸学と明治維新——吉田俊純
大久保利通と明治維新——佐々木 克
旧幕臣の明治維新 沼津兵学校とその群像——樋口雄彦
維新政府の密偵たち 御庭番と警察のあいだ——大日方純夫
明治維新と豪農 古橋暉皃の生涯——高木俊輔
京都に残った公家たち 華族の近代——刑部芳則
文明開化 失われた風俗——百瀬 響
西南戦争 戦争の大義と動員される民衆——猪飼隆明
大久保利通と東アジア 国家構想と外交戦略——勝田政治
明治外交官物語 鹿鳴館の時代——犬塚孝明
自由民権運動の系譜 近代日本の言論の力——稲田雅洋
明治の政治家と信仰 クリスチャン民権家の肖像——小川原正道
福沢諭吉と福住正兄《ふくずみまさえ》 世界と地域の視座——金原左門
日赤の創始者 佐野常民《つねたみ》——吉川龍子
文明開化と差別——今西 一
アマテラスと天皇 〈政治シンボル〉の近代史——千葉 慶
大元帥と皇族軍人 明治編——小田部雄次
明治の皇室建築 国家が求めた〈和風〉像——小沢朝江
皇居の近現代史 開かれた皇室像の誕生——河西秀哉

歴史文化ライブラリー

明治神宮の出現――山口輝臣
神都物語 伊勢神宮の近現代史――ジョン・ブリーン
日清・日露戦争と写真報道 戦場を駆ける写真師たち――井上祐子
博覧会と明治の日本――國 雄行
公園の誕生――小野良平
啄木短歌に時代を読む――近藤典彦
町火消たちの近代 東京の消防史――鈴木 淳
鉄道忌避伝説の謎 汽車が来た町、来なかった町――青木栄一
軍隊を誘致せよ 陸海軍と都市形成――松下孝昭
家庭料理の近代――江原絢子
お米と食の近代史――大豆生田 稔
日本酒の近現代史 酒造地の誕生――鈴木芳行
失業と救済の近代史――加瀬和俊
近代日本の就職難物語 「高等遊民」になるけれど――町田祐一
選挙違反の歴史 ウラからみた日本の一〇〇年――季武嘉也
海外観光旅行の誕生――有山輝雄
関東大震災と戒厳令――松尾章一
モダン都市の誕生 大阪の街・東京の街――橋爪紳也
激動昭和と浜口雄幸――川田 稔
昭和天皇とスポーツ 〈玉体〉の近代史――坂上康博
昭和天皇側近たちの戦争――茶谷誠一
大元帥と皇族軍人 大正・昭和編――小田部雄次
海軍将校たちの太平洋戦争――手嶋泰伸
植民地建築紀行 満洲・朝鮮・台湾を歩く――西澤泰彦
帝国日本と植民地都市――橋谷 弘
稲の大東亜共栄圏 帝国日本の〈緑の革命〉――藤原辰史
地図から消えた島々 幻の日本領と南洋探検家たち――長谷川亮一
日中戦争と汪兆銘《おうちょうめい》――小林英夫
自由主義は戦争を止められるのか 芦田均・清沢洌・石橋湛山――上田美和
モダン・ライフと戦争 スクリーンのなかの女性たち――宜野座菜央見
彫刻と戦争の近代――平瀬礼太
特務機関の謀略 諜報とインパール作戦――山本武利
首都防空網と〈空都〉多摩――鈴木芳行
陸軍登戸研究所と謀略戦 科学者たちの戦争――渡辺賢二
帝国日本の技術者たち――沢井 実
〈いのち〉をめぐる近代史 堕胎から人工妊娠中絶へ――岩田重則
戦争とハンセン病――藤野 豊
「自由の国」の報道統制 大戦下の日系ジャーナリズム――水野剛也
敵国人抑留 戦時下の外国民間人――小宮まゆみ
銃後の社会史 戦死者と遺族――一ノ瀬俊也
海外戦没者の戦後史 遺骨帰還と慰霊――浜井和史
国民学校 皇国の道――戸田金一

歴史文化ライブラリー

学徒出陣 戦争と青春——蜷川壽惠
〈近代沖縄〉の知識人 島袋全発の軌跡——屋嘉比 収
沖縄戦 強制された「集団自決」——林 博史
戦後政治と自衛隊——佐道明広
米軍基地の歴史 世界ネットワークの形成と展開——林 博史
沖縄 占領下を生き抜く 軍用地・通貨・毒ガス——川平成雄
昭和天皇退位論のゆくえ——冨永 望
紙 芝 居 街角のメディア——山本武利
団塊世代の同時代史——天沼 香
闘う女性の20世紀 地域社会と生き方の視点から——伊藤康子
丸山真男の思想史学——板垣哲夫
文化財報道と新聞記者——中村俊介

文化史・誌

毘沙門天像の誕生 シルクロードの東西文化交流——田辺勝美
落書きに歴史をよむ——三上喜孝
密教の思想——立川武蔵
霊場の思想——佐藤弘夫
四国遍路 さまざまな祈りの世界——星野英紀 浅川泰宏
跋扈《ばっこ》する怨霊 祟りと鎮魂の日本史——山田雄司
将門伝説の歴史——樋口州男
藤原鎌足、時空をかける 変身と再生の日本史——黒田 智
変貌する清盛 『平家物語』を書きかえる——樋口大祐
鎌倉 古寺を歩く 宗教都市の風景——松尾剛次
空海の文字とことば——岸田知子
鎌倉大仏の謎——塩澤寛樹
日本禅宗の伝説と歴史——中尾良信
水墨画にあそぶ 禅僧たちの風雅——高橋範子
日本人の他界観——久野 昭
観音浄土に船出した人びと 熊野と補陀落渡海——根井 浄
殺生と往生のあいだ 中世仏教と民衆生活——苅米一志
浦島太郎の日本史——三舟隆之
宗教社会史の構想 真宗門徒の信仰と生活——有元正雄
読経の世界 能読の誕生——清水眞澄
戒名のはなし——藤井正雄
墓と葬送のゆくえ——森 謙二
仏画の見かた 描かれた仏たち——中野照男
ほとけを造った人びと 止利仏師から運慶・快慶まで——根立研介
〈日本美術〉の発見 岡倉天心がめざしたもの——吉田千鶴子
祇園祭 祝祭の京都——川嶋將生
洛中洛外図屛風 つくられた〈京都〉を読み解く——小島道裕
茶の湯の文化史 近世の茶人たち——谷端昭夫
時代劇と風俗考証 やさしい有職故実入門——二木謙一

歴史文化ライブラリー

歴史文化ライブラリー

エミシ・エゾからアイヌへ――児島恭子
古代の皇位継承 天武系皇統は実在したか――遠山美都男
持統女帝と皇位継承――倉本一宏
古代天皇家の婚姻戦略――荒木敏夫
高松塚・キトラ古墳の謎――山本忠尚
壬申の乱を読み解く――早川万年
家族の古代史 恋愛・結婚・子育て――梅村恵子
万葉集と古代史――直木孝次郎
地方官人たちの古代史 律令国家を支えた人びと――中村順昭
古代の都はどうつくられたか 中国・日本・朝鮮・渤海――吉田 歓
平城京に暮らす 天平びとの泣き笑い――馬場 基
平城京の住宅事情 貴族はどこに住んだのか――近江俊秀
すべての道は平城京へ 古代国家の〈支配の道〉――市 大樹
都はなぜ移るのか 遷都の古代史――仁藤敦史
聖武天皇が造った都 難波宮・恭仁宮・紫香楽宮――小笠原好彦
悲運の遣唐僧 円載の数奇な生涯――佐伯有清
遣唐使の見た中国――古瀬奈津子
古代の女性官僚 女官の出世・結婚・引退――伊集院葉子
平安朝 女性のライフサイクル――服藤早苗
平安京のニオイ――安田政彦
平安京の災害史 都市の危機と再生――北村優季
天台仏教と平安朝文人――後藤昭雄
藤原摂関家の誕生 平安時代史の扉――米田雄介
安倍晴明 陰陽師たちの平安時代――繁田信一
平安時代の死刑 なぜ避けられたのか――戸川 点
古代の神社と祭り――三宅和朗
時間の古代史 霊鬼の夜、秩序の昼――三宅和朗

各冊一七〇〇円～一九〇〇円(いずれも税別)
▽残部僅少の書目も掲載してあります。品切の節はご容赦下さい。